Edith Stein · Aus der Tiefe leben

Edith Stein

Aus der Tiefe leben

Ausgewählte Texte zu Fragen der Zeit
Mit zahlreichen erstveröffentlichten Texten

Herausgegeben und erläutert von
Waltraut Herbstrith

Kösel-Verlag München

Hinweise
Die Ziffern in Klammern (1) . . . (155) innerhalb der Einleitung weisen auf die angesprochenen Texte hin.
Die Überschriften stammen vom Lektor und Herausgeber, auch wo sie Formulierungen Edith Steins übernehmen.
Eckige Klammern [. . .] bezeichnen Auslassungen im fortlaufenden Text oder Ergänzungen des Lektorats bzw. des Herausgebers.
Die Kennzeichnung mit * bei den Überschriften weist auf eine Erstveröffentlichung hin.
Die Jahresangaben in Klammern hinter den Quellenangaben bei den Texten weisen auf die Entstehungs- bzw. Erstveröffentlichungszeit hin.

Konzeption der Textauswahl und Lektorat: Bogdan Snela

CIP-Titelaufnahme der Deutschen Bibliothek

Stein, Edith:
Aus der Tiefe leben : ausgew. Texte zu Fragen d. Zeit ; mit zahlr. erstveröff. Texten / Edith Stein. Hrsg. u. erl. von Waltraut Herbstrith. – München : Kösel, 1988
ISBN 3-466-20298-1

Gesamtherstellung: Kösel, Kempten
Umschlag: Günther Oberhauser, München, unter Verwendung eines Fotos aus dem Edith-Stein-Archiv, Karmel Köln
ISBN 3-466-20298-1

Inhalt

Einleitung der Herausgeberin 11

Das Phänomen der Freude 13
Das jüdische Gesicht 16
Politisch-emanzipatorisches Engagement 20
Suche nach Wahrheit 23
Zugänge zur Mystik und Seinserfahrung 26
Vordenkerin in Sachen der Frau 28
Beziehung zum Kind 30
Der Leidensweg mit ihrem jüdischen Volk 32
Die Wirkung des Lebensopfers Edith Steins . . . 34
Zu dieser Textauswahl 37

Erster Teil
Das Zeugnis des Lebens

I Vom jüdischen Erbe zum Christentum 43

1 Die Feste meiner Kindheit 43
2 Liebe zur Geschichte 46
3 Erste Berührung mit dem Katholizismus 47
4 Erfahrungen im Ersten Weltkrieg 48
5 Erste Begegnung mit dem Kreuz 50
6 Zwei unvergeßliche Beobachtungen 51
7 Zeugnis ablegen 51
8 Erfaßt von der Judenverfolgung 53
9 Der lange Weg in den Orden 53
10 Mein Fortgehen 55
11 Meine Entscheidung zwischen Bejahung und Ablehnung 55
12 Schön und traurig zugleich* 56
13 Schmerzliche Trennung 58

II Untilgbarer Wert der Familie 60

14 Die Verbindung mit der Welt nicht durchschneiden 60
15 Auf der Suche nach dem Mitmenschen 62
16 Doppelbelastung der Frau 63
17 Freude am Leben, oder: Warum heiraten* 64
18 Willkommensgruß* 65
19 Schade, daß du nicht dabei bist* 66
20 Krambambuli und Gaudeamus* 66
21 Ehe – kein wolkenloser Himmel 74
22 Elternhaus und Bildung 75
23 Gefährliche Ahnungslosigkeit von der Welt 76
24 Schade, daß ich Euch alle nicht einladen kann* . . 76
25 Herzliche Glückwünsche* 76
26 Viel erwarteter Besuch im Kloster* 77
27 Was soll aus ihnen werden* 78

III Philosophie: Zwischen Begeisterung und Verzweiflung 80

28 Unwissend bleiben 80
29 Zwischen Begeisterung und Verzweiflung 81
30 Rückkehr zur schöpferischen Arbeit 82
31 Betrifft die Frage der Habilitation von Frauen* . . 84
32 »Frau Doktor« ist »jemand«* 85
33 Zwischen scholastischer und moderner Philosophie 86
34 Meine Besuche bei den Philosophen 86
35 Ob der Habilitationsversuch sinnvoll ist? 88
36 Es ist noch nichts entschieden* 89
37 Vorlesungen über Mädchenbildung und noch etwas anderes* 90
38 Schwaches und untaugliches Werkzeug 90
39 Abschied von Husserl 91
40 Husserls Scheu vor der Metaphysik* 92
41 Beziehungen zwischen Scheler und Husserl* . . . 95

IV Der Ort, an den ich gehöre 98

42 Für diese Welt untüchtig 99
43 Bis an mein Lebensende* 99
44 Mich interessiert alles, was draußen ist* 102
45 Drinnen und draußen 103
46 Ich vermisse nichts, was draußen ist 103
47 Empfangen und schenken 104
48 Doppelberuf der Klosterfrau 104
49 Studierende Schwester 105
50 Im Rhythmus eines Werkzeugs 106
51 Annehmbares Opfer darbringen 106
52 Gar nichts Außerordentliches 107
53 Nur ein Werkzeug des Herrn 107
54 Furcht, das Heilige zu banalisieren 107
55 Fröhliche Armut und Frieden 108
56 Gebunden in Freiheit 109
57 Unserem Gewissen folgen 109
58 Ich freue mich so sehr auf die Stille 110
59 Ich heiße nun Teresia Benedicta a Cruce* 110
60 Wunderbare Geborgenheit 111
61 Unser Kloster hat eine große Anziehungskraft* . . 112
62 Tief verborgen 113

V Mein Leben beginnt jeden Morgen neu . . . 115

63 Der Umkreis meines Tagewerkes 116
64 Auf Umwegen 116
65 Tiefgreifende Umwälzungen 117
66 Im Innern eine wohlverschlossene Zelle bauen . . 117
67 Unter dem Kreuz 117
68 Umzug 118
69 Als Sühneopfer für den Frieden 118
70 Bürgerrecht im Himmel 119
71 Böse Enttäuschung* 119
72 Hoffentlich kommt bald alles in Ordnung* 120
73 Ob die Ereignisse unserer Tage Geschichte werden?* 121

74 Aufenthaltserlaubnis – keine einfache Sache* . . . 122
75 Staaten- und heimatlos 123
76 Berichte von Greueltaten an Juden 124
77 Ein Segen, aber keine Hilfe 125
78 Mein Anteil an der Kreuzeswissenschaft 126
79 Ein bißchen Hoffnung 126
80 Unsichere Situation 127
81 Die letzte Chance* 127
82 Wir sind ganz ruhig und fröhlich 129
83 Morgen früh geht ein Transport 129
84 Testament* 130

Zweiter Teil
Die Botschaft vom Leben aus der Tiefe

VI Der ganze Mensch 135

85 Wir stehen an einem Wendepunkt* 135
86 Das Selbst und die Person 138
87 Sprache 139
88 »Wissenschaftliche« Weltanschauung 139
89 Die Intellektuellen und das Volk 140
90 Künstler – dem Kind und dem Heiligen verwandt 142
91 Die Idee und das Ziel 143
92 Der Dichter 144
93 Konflikte zwischen Staat und Kirche 144
94 Das Erste und das Hinzukommende 145
95 Die Einheit aus der Vielfalt 145
96 Das Kirchenrecht und die neue Position der Frau 146
97 Zivile und religiöse Gleichstellung von Mann und Frau 147
98 Die Rolle der Frau 148
99 Frauen in der Politik 149
100 Die weibliche Eigenart im Beruf 150
101 Weibliche und männliche Sachlichkeit 151

VII Aufbruch nach innen 154

102 Das Verborgene in mir 154
103 Urteilen und Tieferfahren 155
104 Die eigentliche Lebensmitte 157
105 Das Innerste der Seele 158
106 Zwischen Tiefe und Oberfläche 158
107 Die Stimme aus der Tiefe 159
108 Eroberung – Hingabe – Liebe 160
109 Das fühlende Aufnehmen 162
110 Wahrnehmung und Täuschung 162
111 Wurzel und Grund alles Lebens 163
112 Aus der Mitte leben 164
113 Das Verlangen nach Beschenktwerden 164

VIII Sein und Schein 165

114 Werden und Vergehen 165
115 Helle Nacht des Nichts 167
116 Gegen die Angst vor dem Sturz ins Nichts 167
117 Ich und Sein 168
118 Planvolles und »Zufälliges« 170
119 Abbild und Unmittelbarkeit 171
120 Selbsttranszendenz aller Wesen 171
121 Forderung und Befähigung 172
122 Die Liebe kennt keine Grenzen 172
123 Das Schenken des Seins 173
124 Auf der Spur des Unfaßlichen 173

IX Mystik 175

125 Mystische Begnadung 175
126 Trockenheit, Elend und Mühsal 176
127 Leeres Gefäß 177

128 Heilsame Leere 177
129 Danach streben, leer zu sein 177
130 Keine hohen Geistesflüge 178
131 Ich bin immer noch ganz unten am Berge 179
132 Zwei Meister der Selbsterkenntnis 179
133 Emporgerissenwerden zur innigsten Verbindung . 180
134 Gedanken- und zeitfreie Versenkung 180
135 Die dunkle Nacht der Beschauung 181
136 Passive Nacht der Todesverlassenheit 181
137 Schweigen – alles hinter sich lassen 182
138 Die letzte Reinigung 183
139 Reinigende Qual und Ergriffensein 184
140 Im tiefsten Seelengrund 184

X Gott: Berührtwerden und Erfahren 185

141 Anonymes Gottsuchen 185
142 Dunkler Weg in der Nacht 186
143 Das dunkle Licht des Glaubens 186
144 Hingabe an Gott und an das Selbst 188
145 Emporklimmen und Emporgetragenwerden 188
146 Berührung von Person zu Person 189
147 Berührung ohne Form und Gestalt 189
148 Ins Gottesleben hineingezogen 189
149 Das liebende Zusammensein 190
150 Berührtwerden und Erfahren 191
151 Vom Feuer verzehrt 192
152 Der neue Mensch 192
153 Gottverlassenheit 193
154 Die Gewißheit der Gotteserfahrung 193
155 Sprechen von Gott und Sprache Gottes 194

Quellenverzeichnis 195

Einleitung der Herausgeberin

Edith Stein ist eine bedeutende Frau und eine exemplarische deutsche Jüdin. Sie gehört – auch nach der Seligsprechung – nicht einfach in den Innenraum der Kirche. Edith Stein ist keine sakrale Dekorationsgestalt. Sie steht nicht in einem imaginären Museum, sondern schaut uns mit fragenden Augen als Zeitgenossen an. Unfreiwillig wurde sie eine Provokation für die Juden, die Katholiken, die Deutschen, die Intellektuellen. Ein Glück, daß die Frau Edith Stein endlich eine öffentliche Person wird.

Paul Konrad Kurz[1]

Wer war Edith Stein? Was hat sie uns Heutigen zu sagen? Immer häufiger werden Schulen, Institute, Kindergärten, Bibliotheken, Gemeindezentren, Studentinnenwohnheime und Straßen nach ihr genannt. 1983 und 1988 (zusammen mit Rupert Mayer) gab die deutsche Bundespost ihr Bildnis als Briefmarke heraus. Deutschland wird sich bewußt, daß es in Edith Stein eine seiner größten Frauen ehrt. Ihr philosophisches und pädagogisches Werk wird langsam erschlossen. 1987 wurde Edith Stein von Papst Johannes Paul II. auf seiner Deutschlandreise seliggesprochen.
Im Jubel dieser späten Ehrung laufen wir Gefahr, den Vollblutmenschen Edith Stein aus den Augen zu verlieren und diese großartige Frau nur vom Blickpunkt der verklärten Hagiographie verkürzt zu sehen. Doch gerade das Gesamtbild ihres Lebens und ihrer Botschaft macht ihre unverkennbare Größe aus. Wenn die Unterscheidung, bzw. Verbindung zwischen »Profanem« und »Sakralem« einen Sinn hat, dann bezeugte Edith Stein die befreiende Erkenntnis, daß das Heilige in der Mitte des weltlichen Menschen keimt und das Weltliche aus der Tiefe einer glaubenden Gestalt wieder seinen Sinn bekommt.
Es ist nicht damit getan, das beunruhigte Gewissen wegen ihrer Ermordung in Ausschwitz durch eine undifferenzierte Anbetung

[1] Paul Konrad Kurz, in: Deutsches Allgemeines Sonntagsblatt, 3. 5. 1987.

zu stillen, man soll sich behutsam dieser manchmal äußerlich sperrigen und doch im ganzen sehr klaren und lebensfreudigen Frau anzunähern versuchen, um ihr Lebenszeugnis und ihre Botschaft für heute zu entschlüsseln.

»Es gibt Untaten, über welche kein Gras wächst«, sagt Johann Peter Hebel, und zu diesen Verbrechen gehört der Holocaust oder die Schoah, wie unsere jüdischen Brüder und Schwestern sagen. Es darf über die nationalsozialistische Judenvernichtung kein Gras wachsen, dafür bürgen Gestalten wie Edith Stein. Sie steht zwischen den Religionen, sie ist eine Gestalt von glaubhafter Ökumene. Seligsprechung heißt bei dieser Frau nicht, daß wir zahlenmäßig eine vorbildliche Christin mehr in unserer Kirche aufweisen können. Öffentliche Anerkennung gilt hier einem Menschen, der in seinem Lebensschicksal Judentum und Christentum vereinte, ohne das eine gegen das andere auszuspielen. Edith Stein war auch nach ihrer Konversion stolz darauf, Jüdin zu sein, eine Tochter Israels. Sie war nicht nur im Glauben an Jesus von Nazaret dem Gott Israels verbunden, sondern sie fühlte sich auch blutsmäßig Jesus und den jüdischen Glaubenszeugen der Kirche sehr nahe. Edith Stein hatte große Achtung für die verschiedenen Wege, die Gott den Menschen in dieser Welt führen kann und nichts lag ihr ferner als Proselytentum. So ist es eine große Freude, nicht nur für ihre christlichen Freunde und Verehrer, sondern auch für ihre jüdische Familie, die in den USA, in Südamerika und Israel lebt, sowie für ihre zahllosen nichtchristlichen Freunde, daß der Papst in der Seligsprechung Edith Steins auch ein Zeichen der Freundschaft und Verehrung gegenüber dem jüdischen Volke setzt, das in seiner Geschichte soviel Unglück und Bitterkeit, erleiden mußte.

Deutschland war für Edith Stein, die preußische Jüdin und Schlesierin, die natürliche Heimat, an der sie im Innersten hing wie die meisten assimilierten Juden. Gerade aber in dieser ihrer Heimat mußte sie erleben, wie ihr jüdisches Volk in unglaublicher Weise gedemütigt, entehrt, ja schließlich zum großen Teil vernichtet wurde. Edith Stein wurde am 12. Oktober 1891 in Breslau als elftes Kind einer jüdischen Holzhändler-Familie geboren. Vier Geschwister waren im Kindesalter gestorben. Als Edith eindreiviertel Jahre zählte, starb auch der Vater, und die Mutter mußte, um mit ihren sieben Kindern überleben zu können, das verschuldete Geschäft weiterführen. Mit großer Tatkraft übernahm Frau Auguste Stein in ihrer Familie auch die Rolle des Vaters. Bei ihrer strengen, aber großherzigen Erziehung fehlte den Kindern nichts. Ihr selbstloser, unermüdlicher Einsatz war das beste Formungselement für die Heranwachsenden. Nur eines übernahmen die Kinder nicht: Frau Steins tiefe Verwurzelung im jüdischen Glauben. Mit Respekt beobachteten Edith und ihre Geschwister die Gänge der Mutter zur Synagoge, ihr langes Fasten; sie selbst aber lösten sich mehr und mehr vom Glauben der Väter. »In meinen Träumen«, schreibt Edith Stein, »sah ich immer eine glänzende Zukunft vor mir. Ich träumte von Glück und von Ruhm, denn ich war überzeugt, daß ich zu etwas Großem bestimmt sei und in die engen bürgerlichen Verhältnisse, in denen ich geboren war, gar nicht hineingehörte.«[2] Edith war ein kluges, eigenwilliges, zu Zornausbrüchen neigendes Kind. In dem Maß, in dem ihre Vernunft sich entwickelte, nahm der Eigensinn ab, und der Ehrgeiz verwandelte sich in ein energisches Streben nach Wissen und schulischen Erfolgen.

Das Phänomen der Freude

Um Menschen, die nicht mehr unsere Zeitgenossen sind, nahezukommen, sind wir auf Vermittlungen angewiesen, vor allem auf schriftliche Dokumente von ihnen oder über sie, also auf das Wort, das sie selbst, oder andere über sie gesprochen haben. Dabei ist das Wort Träger einer Erfahrung, die Umfassendes beschreibt: Bilder, Stimmungen, Gefühle, Gedanken. In manchen Worten hören wir den Menschen, der aus vergangener Zeit zu uns spricht, in anderen leuchtet uns ein Bild auf, seine

[2] Edith Stein, Aus dem Leben einer jüdischen Familie. Ges. Werke Bd. VII, vollständige Ausgabe, Druten/Freiburg 1985. S. 51.

Bewegung, seine körperliche oder geistige Dynamik. Neben dem Wort, das selbst Bildträger sein kann, besteht die Überlieferung in gemalten, gezeichneten, oder seit etwa 150 Jahren in fototechnisch aufgenommenen Bildern. Vielleicht haben die Gemälde früherer Zeiten oft ein realistischeres Bild des Dargestellten geboten, weil durch die Länge der Zeit, die notwendig war, um ein Bild herzustellen, verschiedene Züge und Stimmungen des Porträtierten einfließen konnten. Die fotografische Wiedergabe von Menschen oder Dingen hat zwar zunächst eine größere Realitätsnähe, ihre Schwäche aber ist, daß sie nur einen kurzen, momentanen Ausschnitt des Fotografierten festhält, welcher einseitig sein kann. Man muß viele Fotografien zusammensehen, um ein einheitliches Bild zu bekommen. Dazu gibt es Menschen, die sich gerne darstellen lassen, anderen liegt das Fotografiertwerden weniger. Zu diesen gehörte Edith Stein. Wir haben kein künstlerisches Bild aus ihrer Lebenszeit, dafür einige mehr oder weniger gute Fotografien. Viele verbinden mit einer Philosophin und wissenschaftlich arbeitenden Frau einen strengen und grüblerischen Wesenszug, und viele Fotos Edith Steins scheinen dieser Vermutung recht zu geben. Die meisten Aufnahmen zeigen sie in einer steifen, vom Fotografen gestellten, manchmal sehr ernsten Haltung. Auch in der Edith-Stein-Forschung hatte man lange den Eindruck, daß Edith Steins Hauptwesenszug ein großer, fast melancholischer Ernst war. Manche ihrer Aussagen schienen dies zu bestätigen, z. B., wenn sie in ihren Lebenserinnerungen bemerkt, daß sie als junges Mädchen nicht betrübt gewesen wäre, wenn sie an einer sie bedrohenden Gasvergiftung gestorben wäre, oder wenn sie von tiefen Depressionen während ihrer Arbeit an der Dissertation berichtet (29). Aber es gibt auch andere Aussagen. Ihre Jugendfreundin Rose Bluhm erinnert sich: »Ich lernte sie gut kennen, da wir zusammen Privatstunden in deutscher Literatur bei einer wunderbaren blinden Frau hatten. Ich erinnere mich sehr lebhaft, was für ein reizendes Mädel Edith war: sehr warmherzig, sehr heiter und mit einem herrlichen Sinn für Humor. Wenn sie lachte, strahlten ihre schönen grauen Augen, und sie hatte ein reizendes Grübchen am Kinn, das wir alle sehr liebten.«[3] Innere Erfahrungen der Unruhe, der Angst, des Lebensüberdrusses, behielt Edith Stein für sich. Diesem Prinzip war sie bis zu ihren letzten Tagen in zwei Durchgangslagern in Holland unbeirrbar treu. Zwei Männer aus Echt, die vom Karmel geschickt waren, um Edith Stein und ihre Schwester Rosa einige letzte Liebeserweise zu bringen, berichteten von der großen Freude der Schwestern bei der Begrüßung. Ruhig und gefaßt sagte Edith Stein, die SS habe sie von Echt bis Amersfoort höflich behandelt. Dann aber seien sie brutal, ohne Essen mit Gewehrkolben in die Schlafsäle getrieben worden. Die Boten trafen Edith Stein an ihrem letzten Tag im Lager an. Es war eine Nachricht im Lager durchgegeben worden, daß alle möglichst rasch nach Schlesien abtransportiert werden sollten. Edith Stein erzählte, alle im Lager wären so froh, daß Schwestern und Brüder da seien. »Diese wären in diesem Camp die einzige Stütze und Hoffnung für all die armen Menschen, die alles, aber auch alles entbehren müßten. Edith Stein war froh, durch tröstende Worte und Gebete helfen zu können. Ihr tiefer Glaube schuf eine Sphäre himmlischen Lebens um sie. Mehrmals versicherte sie, die Priorin könne über sie und ihre Schwester Rosa ruhig, ganz ruhig sein.«[4]

Die Erinnerung an Edith Steins Schicksal ist für viele Menschen in unserer Zeit ein Licht und eine Orientierung auf dem Weg geworden. Ihre Freude, ihr Wohlwollen gegenüber allem Lebendigen, ihre Fähigkeit mitzuleiden, wo Unrecht geschah, wird unvergessen bleiben. Möge sie in unserer von Haß und Unmenschlichkeit gezeichneten Welt ein Zeichen des Friedens, der Freude und der Versöhnung sein.

[3] Waltraud Herbstrith, Das wahre Gesicht Edith Steins, Kaffke, München [6]1987, S. 30.

[4] Teresia Renata Posselt, Edith Stein. Eine große Frau unseres Jahrhunderts, Freiburg [9]1963, S. 189.

Das jüdische Gesicht

Nach ihren eigenen Aussagen hat Edith Stein sich immer als Jüdin empfunden, auch in der Zeit, in der sie sich als Schülerin und Studentin dem Glauben an Gott entfremdete. Das Hineingeborensein in eine jüdische Familie, die Glaubenstreue ihrer lebenstüchtigen Mutter, Auguste Stein, die Selbstverständlichkeit ihrer Kontakte mit der weitverzweigten Familie Stein-Courant, die Freundschaften mit ihren jüdischen Freundinnen und Freunden, ließen Edith Stein als gesundes, hochbegabtes, jüdisches Mädchen aufwachsen. Plötzliches Schwinden des Gottesglaubens war bei Edith Stein ein bekanntes Phänomen wie bei vielen jungen Intellektuellen, jüdischer oder christlicher Herkunft. Denken wir z. B. an Simone Weil, an Franz Rosenzweig, u. a. Die Überbetonung der Rationalität in Schule und Wissenschaft kann bei sensiblen Menschen eine Erfahrung, die allein auf Glauben aufruht, in Frage stellen.

1914 begann Edith Stein bei Edmund Husserl, dem bahnbrechenden Philosophen seiner Zeit, eine Doktorarbeit zu schreiben mit dem Thema: »Zum Problem der Einfühlung«. Hier, wie in späteren philosophischen Forschungen, ging es Edith Stein um die Frage nach dem Aufbau der menschlichen Person, um die Notwendigkeit der Intersubjektivität, d. h. um einen philosophischen Personalismus. Als die Phänomenologin 1916 bei Husserl in Freiburg ihre Dissertation mit »summa cum laude« abschloß, bekannte sie sich bei der Drucklegung ihrer Arbeit in Halle, 1917, zu ihrer preußischen Staatsangehörigkeit *und* zu ihrem Jüdinsein. Das war in der damaligen Zeit, trotz der gelungenen Assimilation der Juden im Deutschen Reich, nicht selbstverständlich. Auch die Assimilation schützte nicht vor Diskriminierung. So konnte z. B. Edith Steins älteste Schwester Else (verh. Gordon) in Preußen keine Anstellung als Lehrerin erhalten. Später glückte es ihr in Hamburg. In Edith Steins Dissertation macht uns ein Fallbeispiel betroffen, das sie zur Entlarvung von Gefühlstäuschungen heranzieht. Es kann nur auf eigener Erfahrung beruhen. »Wenn ich«, schreibt sie, »von meiner Umgebung

Haß und Verachtung gegen die Angehörigen einer bestimmten Rasse oder Partei übernommen habe, z. B. als Kind einer konservativen Familie gegen Juden und Sozialdemokraten oder als in Liberalen Anschauungen aufgewachsen gegen die ›Junker‹, so ist das ein ganz echter und ehrlicher Haß, nur daß er sich statt auf ein originäres auf ein eingefühltes Wertnehmen aufbaut und eventuell durch Gefühlsansteckung zu einem Grade gesteigert ist, der in keinem rechten Verhältnis zu dem gefühlten Unwert steht.«[5]

Eine Bekannte Edith Steins, die Freiburger Geschäftsfrau Philomene Steiger, berichtet, Edith Stein habe, durch eine innere Unruhe getrieben, das Alte Testament gelesen, vor allem die prophetischen Bücher. Edith Stein war schon in ihrer Göttinger Studienzeit mit dem Gottesproblem in Berührung gekommen durch assimilierte Juden wie Husserl, Max Scheler, Adolf Reinach. Durch ihr christliches Lebenszeugnis hat offensichtlich das Ehepaar Reinach am tiefsten auf die Suchende eingewirkt (5).

Nach ihrem Psychologiestudium in Breslau hatte Edith Stein in der Philosophie Husserls endgültige Wahrheit gesucht. Aber sie erkannte bald als kongeniale wissenschaftliche Mitarbeiterin, daß Wissenschaft allein die Wahrheitsfrage nicht löst.

Edith Stein war in ihrer religiösen Suche offen, sie ließ sich von niemanden einengen oder bevormunden. Durch ihre evangelischen Freunde lag eine Konversion in evangelischer Richtung nahe. Ihre jüdische Freundin, die Philosophin Gertrud Koebner, weiß jedoch, daß Edith Stein sich auch ernstlich mühte, ihrer jüdischen Religion nahezukommen. Da machte die Begegnung mit der Mystik Teresas von Avila, die übrigens auch jüdisches Blut in sich hatte, der religiösen Suche Edith Steins ein Ende. Ohne die Kirche dogmatisch zu kennen, wollte sie in die Glaubensgemeinschaft Teresas eintreten. Auch in den Jahren nach ihrer Konversion zum Katholizismus, 1922, finden wir keine anijudaistischen Züge bei Edith Stein. Die Klarheit ihres Ver-

[5] Edith Stein, Zum Problem der Einfühlung. Dissertation, Halle 1917; Kaffke, München ^{2}1980, S. 35.

standes wurde nicht getrübt durch Proselytentum oder Fanatismus, wie es bei Konvertiten jüdischer Herkunft in der damaligen Kirche bis zur Peinlichkeit hervortrat. Sie brach weder ihre Beziehungen zu ihrer jüdischen Familie noch zu ihren jüdischen Freunden ab, ja, vermied es peinlich, wie Frau Koebner berichtet, sie von ihrem jüdischen Glaubenszeugnis abzubringen.
Längst vor dem 2. Vatikanischen Konzil hat Edith Stein Ökumene gelebt. Sie wollte nicht ohne ihre evangelische Freundin, die Philosophin Hedwig Conrad-Martius, getauft werden und sie besuchte mit ihrer Mutter als Christin die Synagoge. Dabei benützte sie ihr römisches Brevier, um die Psalmen mitzubeten, die Israel und die Kirche verbinden.
Wir müssen es ernst nehmen, daß Edith Stein ihr Christsein nicht als Abfall vom Judentum ansah, sondern als eine Bereicherung, als einen Weg, der für sie persönlich notwendig war, zu dem sie aber niemand anderen hindrängte. Als Husserl 1938 im Sterben lag, liebevoll umgeben von einigen treuen Freunden wie dem späteren Professor Eugen Fink und Sr. Adelgundis Jaegerschmid, aber als Jude frostig behandelt und völlig isoliert von der Universität, bekannte Edith Stein ihre Solidarität mit dem alten Meister und ihrem unverbrüchlichen Glauben an das Heil außerhalb der formalen religiösen Strukturen (140).
Einige Monate vor Hitlers Machtergreifung, fiel dem Philosophen Daniel Feuling, Mönch der Benediktinerabtei Beuron, bei einem Philosophenkongreß in Juvisy/Paris auf, wie unbefangen Edith Stein sich ihrem Jüdinsein verbunden wußte. Nach einer Diskussion, wanderten Feuling, Edith Stein und einer ihrer Freunde, der Phänomenologe Alexandre Koyré, den Montmartre hinauf. Feuling berichtet: »Auf dem Wege sprachen beide miteinander von allerlei, besonders von jüdischen Philosophen – auch Husserl war ja jüdischen Blutes, ebenso Henri Bergson und Meyerson in Paris. ›Auch der ist einer der unsrigen‹, hieß es verschiedentlich. Mich belustigte ein wenig die Weise Koyrés und Edith Steins, die von Juden und von Jüdischem redend, einfach ›wir‹ sagten. – Ich erlebte stark die Blutsgemeinschaft, die so lebendig auch in Edith Stein war, und einst im hl. Paulus,

der mit Stolz und Nachdruck sein: ›Hebraei sunt: et ego‹ – ›Sie sind Hebräer – ich bin es auch‹, sprach. Da wurde ich ein wenig boshaft und frug mit ernster Miene: ›Ja, wohin tun Sie beide denn mich?‹. Ganz betroffen schauten sie mich an und frugen: ›Ja, sind Sie denn von uns?‹, bis ich sie beruhigte und ihnen anderen Bescheid gab.«[6] Nach dem Holocaust können wir uns heute nicht mehr ein so zwangloses christlich-jüdisches Gespräch vorstellen. Mühsam müssen wir diese verlorengegangene Dimension wiedergewinnen. Dabei könnte uns Edith Stein behilflich sein.

Eine Mitschwester berichtet: »Edith Stein übte Kritik an Hitler und durchschaute schon damals seine Politik. Sie litt darunter, daß nicht alle in Echt ihre Ansicht teilen konnten.«[7] Auch im Karmel in Köln war bei den Wahlen für Hitler am 10. April 1938 aufgefallen, daß die sonst freundliche und liebenswürdige Schwester sich sehr erregte. Einige Schwestern waren nämlich der Auffassung, es sei gleichgültig, welchen Namen man aufschriebe, da die Wahlzettel doch von den Nationalsozialisten gleichgeschaltet würden. »Aber gegen diese Auffassung erhob Edith Stein mit großem Eifer ihre Stimme. Die sonst so Sanfte und Nachgiebige war nicht mehr zu erkennen. Immer wieder beschwor sie die Schwestern, Hitler nicht zu wählen, ganz gleich welche Folgen für den einzelnen oder die Gemeinschaft daraus entstünde.«[8] Daß Edith Stein mit ihrer klarsichtigen Haltung gegenüber dem Nazi-Regime in beiden Klöstern innerlich sehr einsam dastand, geht aus den Berichten beider Konvente hervor.

[6] Posselt, Edith Stein, Eine große Frau, S. 93.

[7] Romeaus Leuven, Heil im Unheil. Das Leben Edith Steins: Reife und Vollendung, Ges. Werke Bd. X, Freiburg 1983, S. 139.

[8] Posselt, Edith Stein. Eine große Frau, S. 158.

Politisch-emanzipatorisches Engagement

In ihren Vorträgen für die Integration der Frau in die moderne Gesellschaft zwischen 1928 und 1933 warnte Edith Stein vor einer schwachen, unreifen Demokratie in Deutschland. Ebenso forderte sie die Schweizer Akademikerinnen in Zürich auf, sich ihrer politischen Verantwortung bewußt zu werden. Sie wandte sich gegen die drohende Rassenideologie der Nationalsozialisten, gegen deren Bestrebungen, die erkämpften Rechte für die Frau wieder rückgängig zu machen und sie einzuengen auf den biologischen Rahmen von Familie und Aufzucht von Kindern. Mit Entsetzen beobachtete sie judenfeindliche Tendenzen unter den Studentinnen in Münster 1932. Als Hitler 1933 legal an die Macht kam und der öffentliche Kampf gegen die Juden einsetzte, blieb Edith Stein nicht untätig. Professor Balduin Schwarz erinnert sich, daß Edith Stein bei einem Arbeitsgespräch in Münster, als ein katholischer Professor sich abfällig über die Juden in Berlin äußerte, erregt wurde, auf den Tisch schlug und sagte: »Jetzt darf man so etwas nicht sagen«[9].

Wer heute noch behauptet, Hitler hätte mit der Judenverfolgung erst 1938 begonnen, lese einen Brief Edith Steins an Hedwig Conrad Martius, in dem sie am 5. April 1933 schreibt: »Meine Lieben in Breslau sind natürlich sehr erregt und bedrückt. An unserem Geschäft macht es leider seit langem nicht viel Unterschied, ob es geöffnet ist oder nicht. Aber mein Schwager (Hans Biberstein) erwartet täglich seine Entlassung (Oberarzt an der Universitäts-Hautklinik). Kuznitzky hat seine Stellung als Chef der Hautstation eines Städtischen Krankenhauses bereits verloren. Jeder Brief enthält neue schlimme Nachrichten. Meinen Angehörigen in Hamburg (Familie Gordon) scheint noch nichts geschehen zu sein. Mir persönlich wird von allen Seiten versichert, daß ich für meine Stellung nichts zu fürchten habe. Und ich habe gerade in dieser letzten Zeit sehr viel Freundliches erfahren,

[9] Vgl., Waltraud Herbstrith (Hrsg.), Edith Stein – eine Glaubenszeugin. Leben, Neue Dokumente, Philosophie, Annweiler 1986, S. 169.

was einem natürlich sehr wohl tut.«[10] Noch im gleichen Monat verlor Edith Stein ihre Dozentur am Deutschen Institut für wissenschaftliche Pädagogik in Münster. Sie wandte sich schriftlich an Papst Pius XI., er möge ihr eine Privataudienz gewähren. Sie wollte ihn für eine Enzyklika zum Schutz der Juden gewinnen. Rom sah sich nicht in der Lage, auf ihren Wunsch einzugehen (77). Gleichzeitig begann Edith Stein Lebenserinnerungen niederzuschreiben, die später unter dem Titel »Aus dem Leben einer jüdischen Familie« erschienen sind (1–6). Hier wollte Edith Stein Zeugnis ablegen für ihr Judesein, wollte Deutschland darauf aufmerksam machen, daß Juden Menschen sind wie andere auch, dazu gute deutsche Volksgenossen (7). Aber Edith Stein war keine Agitatorin, ihre klare und humane Stimme verhallte im 3. Reich.

Sie spürte, daß sie als Jüdin noch etwas Konkreteres für ihr Volk tun müsse, aber sie wußte nicht, was. Da hatte sie eine innere Eingebung im Gebet: da ihr alle äußere Hilfeleistung für die Juden abgeschnitten worden war, wollte sie in ein Kloster Teresas von Avila gehen, um für ihr bedrängtes Volk zu beten und vor Gott für ihr geschundenes Volk und das irregeleitete Deutschland einzustehen. Die Gestalt der biblischen Esther, die vor dem König für ihr Volk eintritt, wurde für sie eine Symbolfigur. Eine Rettung außerhalb Deutschlands, die sich ihr durch ein Angebot einer Schule in Südamerika eröffnete, lehnte sie ab. Sie wollte in der Nähe ihres jüdischen Volkes bleiben (9). Zu einer Studienrätin, die sie 1935 im Kölner Karmel besuchte, sagte sie, sie hätte auch hier das Gefühl, daß sie nicht sicher wäre vor den Nationalsozialisten und herausgeholt werden könnte. Eine Französin, Mme Renand – sie wurde 1987 mit dem Bundesverdienstkreuz ausgezeichnet für Deutsch-Französische Verständigung – erzählte von ihrer Begegnung mit Edith Stein und bestätigte diese ihre Vorahnung (s. Vorspanntext zum Kapitel X).

Wenn einer der nächsten Freunde Edith Steins, der Philosoph

[10] Edith Stein, Selbstbildnis in Briefen, 1. Teil, 1916–1934, Druten Freiburg 1976, S. 135.

Roman Ingarden aus Krakau von einer Tragik im philosophischen Denken Edith Steins nach ihrer Konversion spricht, kann man noch stärker von einer existentiellen Tragik im Leben der christlichen Jüdin sprechen. Als Ordensfrau wollte sie für beide einstehen: Christen wie Juden, aber von beiden Seiten blieb sie oft unverstanden. Für ihre jüdische Familie war ihr Klostereintritt ein Zeichen äußerster Entfremdung in der anbrechenden Judenverfolgung (10–13), das katholische Institut in Münster war nicht in der Lage, sie zu halten; Rom reagierte auf ihren Hilferuf nicht. Auch im Kloster war sie, trotz dem Glück ihrer geistlichen Berufung, einsam. In Köln wie in Holland durchschauten viele Schwestern die Hitler-Barbarei nicht. Ihren jüdischen Freunden half sie durch Rat und Tat bei ihren Ausreiseplänen. Als im November 1938 die Synagogen in Deutschland brannten und die jüdischen Geschäfte demoliert wurden, erschauderte Edith Stein. Sie wäre gern nach Israel in einen Karmel übergesiedelt, aber aus politischen Gründen war es nicht möglich. So wich Edith Stein in der Silvesternacht 1938/39 in den Karmel nach Echt in Holland aus, weniger aus eigenem Sicherheitsbedürfnis als aus dem Wunsch, ihr Kloster nicht zu gefährden (68).

Noch vor dem Ausbruch des 2. Weltkriegs verfaßte sie ihr Testament und bot sich Gott als Opfer für den Weltfrieden an. Unter verschiedenen Gebetsanliegen stehen die antijudaistischen Worte: »für den Unglauben des jüdischen Volkes« (83). Hier war Edith Stein vom Sprachspiel der vorkonziliären Theologie beeinflußt. Wir können uns heute kaum mehr vorstellen, wie unbedacht damals vom Mord der Juden an Christus oder von den ungläubigen Juden geredet wurde. Dieses traurige Kapitel der Kirchengeschichte hat Papst Johannes XXIII. grundlegend geändert. Das 2. Vatikanische Konzil bekannte sich positiv zum geistlichen Erbe Israels. Die Deutsche Bischofskonferenz hat 1980 diese Erkenntnisse weiterentfaltet und eine Erklärung herausgegeben über das Verhältnis der Kirche zum Judentum. 1986 besuchte Papst Johannes Paul II. die Römische Synagoge und hat in seinen aufsehenerregenden Worten die christlich-jüdische Versöhnung bestätigt.

Suche nach Wahrheit

Nachdem Edith Stein ihren Kinderglauben verloren hatte, hoffte sie, im Studium der Psychologie und Philosophie Lebenswahrheit zu finden. Die experimentelle Psychologie »ohne Seele« enttäuschte sie. Sie ging daher 1913 von Breslau nach Göttingen, um Husserl zu hören. Während Husserl sachlich streng zur Vorurteilslosigkeit erzog, warb Scheler, der zur katholischen Kirche konvertiert war, mit dem Glanz seines Geistes für religiöse Werte wie: Demut, Reue, Buße (3). Scheler wirkte auf Edith Stein besonders durch sein Buch »Zur Phänomenologie und Theorie der Sympathiegefühle« (41). Edith Stein, der es ein ganzes Leben lang um das Verstehen geistiger Zusammenhänge, um den Aufbau der menschlichen Person und der menschlichen Gemeinschaft ging (86), setzte sich in ihrer Dissertation mit dem Phänomen der »Einfühlung« auseinander (29). Sie schreibt darüber: »Indem wir einfühlend auf uns verschlossene Wertbereiche stoßen, werden wir uns eines eigenen Mangels oder Unwerts bewußt.«[11] Die selbstbewußte, ethisch hochstrebende Studentin war fähig, auf andere zu hören, von anderen zu lernen und dadurch Wege zur Wahrheit zu finden (15).

Mehr als durch Wissensvermittlung wurde Edith Stein durch die Begegnung mit Menschen innerlich verwandelt. In einem Arbeitsgespräch, das sie mit dem Privatdozent Adolf Reinach führte, und in dem weder von Gott noch von Christentum die Rede war, spürte Edith Stein etwas aufleuchten, was sie später als göttlich, als Transzendenz erkannte »Die Schranken der rationalistischen Vorurteile, in denen ich aufgewachsen war, ohne es zu wissen, fielen, und die Welt des Glaubens stand plötzlich vor mir. Menschen, mit denen ich täglich umging, zu denen ich mit Bewunderung aufblickte, lebten darin. Sie mußten zumindest eines ernsten Nachdenkens wert sein.«[12]

Der Ausbruch des 1. Weltkrieges 1914 stellte Studenten und Professoren vor eine neue, harte Wirklichkeit. Edith Steins

[11] Stein, Zum Problem der Einfühlung, S. 130.
[12] Stein, Aus dem Leben einer jüdischen Familie, S. 230.

Studienkollegen zogen an die Front, sie meldete sich als Krankenschwester in ein Seuchenlazarett in Mährisch-Weißkirchen. Dort leistete sie zum Staunen der Ärzte Vorbildliches (4).
Als Reinach 1917 in Flandern den Soldatentod starb, fand Edith Stein in seinem Nachlaß die Worte, nach dem Krieg wolle er seine Philosophie nur noch dafür einsetzen, die Menschen zu Gott zu führen. Der Tod Reinachs bedeutete für die Agnostikerin Edith Stein eine tiefe Zäsur. Sie hatte zwar gelernt, das Phänomen des Religiösen zu achten, gläubige Menschen zu verehren, aber die Existenz eines persönlichen Gottes schien ihr nach wie vor unglaubhaft. Die Begegnung mit der Witwe Reinachs war für sie überwältigend. Nicht eine vom Tod des Gatten zerbrochene Frau stand vor ihr, sondern ein Mensch, der aus der Kraft der Auferstehung lebte und die Ungläubige noch zu trösten vermochte. Kurz vor ihrem eigenen Tod sprach Edith Stein zu Pater Hirschann SJ von diesem Erlebnis (5). Es bedurfte jedoch noch eines langen Wachstumsprozesses, bis Edith Stein zur Ganzhingabe an Gott fand (108).
Als Husserls Assistentin war sie im Kreis der Phänomenologen hoch geachtet. Viele machten es sich zur Gewohnheit, ihre Arbeiten bei ihr prüfen zu lassen (40, 41). Husserl selbst verdankte ihrer selbstlosen Assistententätigkeit die spätere Herausgabe seiner *Ideen II,* die Martin Heidegger 1929 fast ohne Änderungen edierte. Als Edith Steins Bewerbung für einen philosophischen Lehrstuhl 1919 in Göttingen abgelehnt wurde, machte sie eine Eingabe an das preußische Kultusministerium in Berlin, es sei ungerecht und gegen die Reichsverfassung, nur in Sonderfällen Frauen für eine Ordination zuzulassen. Auf ihre Eingabe hin erfolgte ein Runderlaß an die entsprechenden deutschen Universitäten. Da Edith Stein sich nach selbständiger Arbeit sehnte, verließ sie Husserl 1918 und hielt in ihrem Elternhaus in Breslau Vorlesungen und Kurse über Philosophie (31).
Edith Steins phänomenologisch aufnahmebereiter Geist suchte in einer Philosophie des Ausgleichs modernes und vergangenes Denken in ein fruchtbares Gespräch zu bringen. Philosophisch

trat sie für einen gemäßigten Personalismus ein, für einen Real-Essentialismus. Als sie in ihrem letzten Werk »Kreuzeswissenschaft« die mystische Lehre des Johannes vom Kreuz untersuchte, sieht sie bei Johannes eine dreifache Sachlichkeit: die Sachlichkeit des Kindes, des Künstlers und des Heiligen (90).

Hedwig Conrad-Martius bemerkt, man bräuchte im Leben Edith Steins für das Wort »künstlerisch« nur das Wort »phänomenologisch-philosophisch« einzusetzen. Edith Stein wollte die Theorie der Wissenschaft in Praxis überführen, sie wollte die Theorie des Wissens von der Botschaft des Kreuzes in gelebte Kreuzestheologie übersetzen. Dieser Übersetzungsvorgang war so tiefgehend, daß sie ihm ihre wissenschaftliche Karriere unterordnete. Es ist nicht so, wie behauptet wurde, Edith Stein habe durch ihre schlechten Erfahrungen in bezug auf die Habilitation von Frauen 1919 sowie durch das Lehrverbot der Nationalsozialisten 1933 (8) sich zuerst in die Konversion und später in die klösterliche Atmosphäre geflüchtet. Sicher kann man sagen, daß durch ihre Erfahrung der Diskrepanz zwischen Werkgestaltung und Selbstgestaltung, gerade bei ihr sehr nahen Wissenschaftlern wie Edmund Husserl, Max Scheler u. a., der Wunsch in ihr die Oberhand gewann, diese Diskrepanz, in der hochqualifizierte Menschen auf Kosten anderer lebten, nicht nachzuahmen (41). Ihr Wunsch nach Heiligkeit im biblischen Sinne war auf die Dauer stärker als das Verlangen, unter den Menschen als groß geachtet zu werden. Diese radikale Verantwortung für die anderen, für die Opfer der Geschichte, vertieften in ihr neben den heiteren und frohen Zügen ihres Wesens, die Fähigkeit, zu leiden und Leid mitzutragen (51).

Professor Jan H. Nota SJ berichtet, wie freundschaftlich und schwesterlich Edith Stein mit ihm umging. Nota lernte Edith Stein eindreiviertel Jahre vor ihrer Verschleppung kennen. Er war beeindruckt von ihrer natürlichen, ungezwungenen Art (41). Bei seinen Gesprächen im Edith-Stein-Karmel Tübingen und auf dem Edith-Stein-Symposion in Washington 1984 erklärte er, es wäre einseitig, Edith Stein nur als strenge Philosophin oder leidende Dulderin zu sehen. Ihr Wesen strahlte Güte und Hilfsbereitschaft aus, ihr hoher Intellekt zerstörte keineswegs ihre Heiterkeit, ihren Humor und ihre Fraulichkeit.

Zugänge zur Mystik und Seinserfahrung

Wie sehr das Phänomen der Heiligkeit schon in den Jahren vor ihrer Konversion an Edith Stein sichtbar wurde, berichtet die Neukantianerin Gertrud Koebner, die sich von Edith Stein zwischen 1919 und 1923 in Breslau in die Phänomenologie einführen ließ. »Es war längst klar geworden, daß für mich die Phänomenologie nicht das Ziel war, sondern eine Methode, die mich die kritische Methode Kants wohl ergänzen, aber nicht ersetzen lehrte. Edith sah das erst recht deutlich, aber nie schloß sie sich gegen meine ästhetischen Probleme ab, wie sie auch nie, als sie längst im Karmel lebte, sich vor mir abschloß und verschloß. Durchsichtig offen gab sie sich ihren Freunden, klar überblickte sie deren Arbeit und Leben. Sie merkte nur auf, wo sie helfen konnte. Denn durch ihre eigene Offenheit öffnete sich ihr jeder. Sie übte die offenste Kritik, die nicht schmerzte, sondern half, da sie selbst sich nicht als überlegen gab. Bei allem aber, was sie arbeitete und tat, konnte man fühlen, daß ihr nichts genug war. Befriedigung kannte sie nicht. Sie verlangte nach Hingabe, nach dem Aufgehen im Höchsten. Wie sie dabei ihre eigenen Erfahrungen ohne Einschränkung den Menschen enthüllte, die zu ihr kamen, das machte die Begegnung mit ihr zu einem einzigartigen Erlebnis. Sie ging ihren Weg allein, aber wer vor ihr stand, dem half sie und war für ihn Gefährte; nichts Trennendes bestand vor ihr, alle sozialen und sonstigen Unterschiede schob sie beiseite, dem Ewigen allein galt alles Tun.«[13]
Edith Stein hatte Ehrfurcht vor den Glaubenswegen anderer (143). Gertrud Koebner fährt fort: »Edith wußte, daß ich nie meinen jüdischen Glauben aufgeben würde, und sie hat es mit peinlicher Rücksicht zeitlebens unterlassen, mich meinem Glau-

[13] Herbstrith, Das wahre Gesicht, S. 68.

ben entziehen zu wollen. Nur auf dieser Grundlage konnte unsere Freundschaft bestehenbleiben.«[14]

Im Sommer 1921 fiel Edith Stein bei ihrer Freundin, der Philosophin Hedwig Conrad-Martius, die Lebensbeschreibung der Mystikerin und Kirchenlehrerin Teresa von Avila in die Hände. Sie las eine ganze Nacht hindurch und schloß das Buch mit den Worten: »Das ist die Wahrheit!«[15] Am 1. Januar 1922 ließ sie sich in Bergzabern taufen, ihre evangelische Freundin Conrad-Martius war Taufpatin. Die innere Glaubenserfahrung Edith Steins war so stark, daß sie glaubte, ihre wissenschaftliche Karriere aufgeben zu müssen. Seit 1923 unterrichtete sie in Speyer bei den Dominikanerinnen als Lehrerin und Dozentin an der Lehrerinnenbildungsanstalt. Hier fiel sie auf durch ihr vorbildliches Wirken, nicht nur als Lehrerin und geistliche Begleiterin vieler Schülerinnen und Schwestern, sondern auch als große Beterin. Stundenlang konnte sie in der Klosterkirche St. Magdalena in stiller Anbetung verweilen. Sie kleidete sich einfach, war anspruchslos und gab alles Geld, das sie erübrigen konnte, den Armen. Eine Schülerin sagte von ihr: »Ohne viel Worte – allein durch ihre Persönlichkeit und alles, was aus ihr flutete, wurde sie mir wegweisend, nicht nur für meine Studien, sondern für mein ganzes sittliches Streben. Man fühlte sich bei ihr in einer Atmosphäre des Edlen, Reinen, Erhabenen, die einen einfach hochriß.«[16] Eine andere berichtet, daß »sie eine Stille, Schweigende war, die nur durch ihr ›Sein‹ führte . . . Bei der Kritik war sie Güte und Gerechtigkeit in einer vollendeten Verbindung. Nie sahen wir sie anders als ruhig, fein und still.«[17]

Generalvikar Joseph Schwind in Speyer, Professor Schulemann und Professor Josef Koch in Breslau sowie der Religionsphilosoph Erich Przywara SJ zählten zu Edith Steins Freunden. Durch ihre großen Arbeiten in dem von Husserl herausgegebenen »Jahrbuch für Philosophie und phänomenologische Forschung« war

[14] Ebd. S. 69.
[15] Posselt, Edith Stein. Eine große Frau, S. 56.
[16] Herbstrith, Das wahre Gesicht, S. 75.
[17] Ebd. S. 74.

Edith Stein in der wissenschaftlichen Welt keine Unbekannte geblieben (32). Przywara regte sie an, Briefe von John Henry Newman zu übersetzen und vor allem Thomas von Aquin. Dieser stille, besonnene Geist, wie Edith Stein Thomas nannte, war ihr nach Husserl der zweite wichtige philosophische Lehrer in ihrem Leben. Ihre Übersetzung seiner »Untersuchungen über die Wahrheit« (Quaestiones disputatae de veritate) führten Edith Stein zur philosophischen Forschung zurück (33). Ihre phänomenologische Prägung war jedoch so stark, daß sie die Lehre des Thomas nicht unkritisch übernahm. Sie suchte vor allem in ihrer großen Ontologie »Endliches und Ewiges Sein«, an einer *philosophia perennis* mitzuarbeiten, d. h. die großen Denker der Antike, wie Platon und Aristoteles sowie jene des Christentums, wie Augustinus und Thomas, mit den Denkern der Gegenwart in ein Gespräch zu bringen. Przywara nennt Edith Steins Denken eine Philosophie des Ausgleichs, einen Real-Essentialismus. Edith Stein stand auch Heideggers Ontologie offen, aber kritisch gegenüber (115).
1932 vertrat Edith Stein auf dem Kongreß der Neuscholastiker in Juvisy bei Paris die Lehre Husserls in hervorragender Weise nicht nur in Deutsch, sondern auch in fließendem Französisch.

Vordenkerin in Sachen der Frau

Seit ihrer Rückkehr zur Philosophie um 1927 wuchs Edith Stein noch ein anderer Auftrag zu, der sie durch ganz Deutschland, Österreich und die Schweiz führen sollte. Die Probleme der Integration der Frau in die moderne Berufswelt mußten geklärt, besprochen und den kirchlichen Gremien aufgezeigt werden (100). Edith Stein war in ihrer schlichten, sachlichen und doch anmutigen Weise wie geschaffen, Männern und Frauen die notwendige Veränderung in Gesellschaft und Lebensstil bewußt zu machen. Einer ihrer Zuhörer, Professor Anton Uebleis aus Salzburg, sagte von ihr: »Ungemein sympathisch, offenbar weil hohe Geistigkeit und Warmherzigkeit so einfach und bescheiden auftrat. Die Richtung auf das Persönliche und Ganze – keine kalten Sach- und Teilleistungen, die sie als charakteristisch für weibliche Art bezeichnete, zeigte sich auch in ihrer eigenen Darstellung des weiblichen Berufsethos. Nicht so leicht wird ein Mann so unaufdringlich von Christus und von Christi Mutter sprechen können, wie diese junge mütterliche Erzieherin. Ein ganz feiner, leiser Humor machte die gewinnende Darstellung noch liebenswürdiger.«[18]

Edith Stein entfaltete in ihren Vorträgen für die Frau ein dynamisches Kirchenbild (94). Es ging ihr nicht nur um die Integration der Frau in die außerhäusliche Berufswelt, sondern auch um die Mitarbeit der Frau in der Kirche. Sie bedauerte, daß die Frau von allen geweihten Ämtern ausgeschlossen ist (95). Kirche ist für Edith Stein Sakrament des Heils. Weil Gott in Christus Mensch wurde und »weil die ›lebendigen Bausteine‹ der Kirche Menschen sind, nimmt ihr Aufbau mit allen Einrichtungen auf die menschliche Natur Rücksicht. Darum ist ihr Haupt Gott und Mensch zugleich, darum läßt er ihr das göttliche Leben durch die Vermittlung seiner menschlichen Natur zukommen, spricht zu den Menschen in menschlichen Worten und hat die Einrichtungen zur Lebensmitteilung so geordnet, daß er den Weg über den Leib nimmt, um die Seele zu erreichen.«[19]

Edith Stein wollte die Frau in der Kirche aus ihrer passiven Rolle herausführen. Kirche, sagt sie, ist geschichtliche Wirklichkeit, hat am Formenwandel der veränderten Lebensbedingungen Anteil. Es ist gut, wenn neue Formen in der Kirche nicht einfach autoritativ verhängt werden, sondern neues Leben wachsen, sich entfalten kann (97).

Durch den späteren Eintritt Edith Steins in einen Orden wurden für viele jungen Frauen in der Nachkriegszeit Orden als Zelle der

[18] Waltraud Herbstrith (Hrsg.), Edith Stein. Ein neues Lebensbild in Zeugnissen und Selbstzeugnissen, Freiburg ^{4}1987, S. 7.

[19] Edith Stein, Endliches und Ewiges Sein. Versuch eines Aufstiegs zum Sinn des Seins, Ges. Werke Bd. II, Freiburg/Basel/Wien ^{3}1986, S. 380f.

gemeinsamen Christusnachfolge anziehend. Im Blick auf Edith Stein, die dank der Weitsicht ihrer Obern in ihren Gaben und in ihrer Prägung ernstgenommen wurde, können auch heutige Frauen es wagen, ihr Leben in einem Orden für die Kirche und die Menschheit einzusetzen, im Sinne der Reformen des 2. Vatikanischen Konzils.
Edith Stein war in vielen Fragen Vordenkerin, nicht nur in Sachen der Frau, was ihre gesellschaftliche und kirchliche Integration betrifft, auch in Sachen der Politik, der Ökumene, des überholten Klassendenkens. Jahre vor der Machtergreifung Hitlers sah sie die mangelnde demokratische Schulung in Deutschland als bedrohlich an (99).

Beziehung zum Kind

Die fröhliche, sonnige Seite im Wesen Edith Steins kam in besonderer Weise zum Ausdruck in ihrer Beziehung zu Kindern. Liest man Edith Steins autobiografische Aufzeichnungen, kann man leicht beobachten, wie ausgeprägt ihre Beziehung zu Kindern war. Sie ist die gute Tante, deren Dienste als Kinderbetreuerin, als Kranken- und Wochenpflegerin gern in Anspruch genommen werden. Kinder fühlen sich zeitweise bei ihr wohler als bei den Eltern, sie wissen sich bei ihr ernstgenommen als Gesprächspartner. Ganz selbstverständlich schreibt Edith Stein: »Überhaupt fühlten sich Kinder immer zu mir hingezogen und hingen an mir, auch wenn ich mich gar nicht um sie bemühte.«[20]
Eine Göttinger Freundin, Rose Bluhm, berichtet: »Ich habe Edith Stein zweimal in Münster besucht, wo ich von den Schwestern reizend aufgenommen wurde. Sie hatte das größte Interesse an meiner Arbeit, die ich sehr liebte, und war nie die weltfremde Frau, die sich von der Welt zurückgezogen hat. Jede Kleinigkeit in meiner Familie interessierte sie. Es war immer ein Segen, mit ihr zusammenzusein, immer ein Gewinn. Entweder dadurch, daß

[20] Stein, Aus dem Leben, S. 70.

die eigenen Gedanken klarer wurden, oder daß man neue Gesichtspunkte in einer alten Frage sah . . . Sie war besonders lieb mit Kindern, mit denen sie herrlich spielen und sehr fröhlich sein konnte. Meinen Sohn, geboren 1923, liebte sie innig. Er war zweimal mit mir in Münster dabei, später auch einmal in Köln, wo er ihr einen Kuß durch das Gitter, das er gar nicht leiden konnte, gab.«[21]

Von Edith Steins Liebe zu Kindern weiß auch die Familie von Professor Bernhard Rosenmöller zu berichten. Edith Stein war mit Rosenmöllers seit Breslau befreundet und hatte eine innige Beziehung zu den vier Söhnen. Frau Dr. Hedwig Klüber erzählt aus einem Gespräch: »Herr Professor Rosenmöller erzählte, wie er Edith Steins außergewöhnliche Begabung, in öffentlichen Vorträgen zu beeindrucken, erkannt hatte und sie für große Aufgaben gewinnen konnte. Frau Rosenmöller berichtete, in welch zauberhafter Weise die große Philosophin sich ihren Kindern zugeneigt hatte, die Sorge für ein Spielhöschen ebenso ernstnehmend, wie die Entfaltung ihres Wesens.«[22]

Edith Stein, die gründliche, gedankentiefe Philosophin, die nach dem Sinn des Lebens fragte, war gleichzeitig die frohe, warmherzige Frau und Freundin (20), die ihrer Umwelt auffiel durch ihr großes Einfühlungsvermögen, ihre Fähigkeit zuzuhören, durch ihr Engagement für Menschen, die gerade jetzt ihrer Hilfe bedurften. Ob sie philosophisch einen Rat gab, ob sie Arme versorgte, ob sie mit Schülerinnen oder Studentinnen über ihre Lebensberufung sprach, immer fanden Menschen in ihr beides: den großen, verantwortlichen Ernst allen Fragen des Lebens gegenüber, die Unerbittlichkeit in der Wahrheitssuche, das Sich-nicht-Vereinnahmenlassen, die fröhliche frauliche Gelöstheit und Fürsorge für Kinder und Erwachsene. Im Konzentrationslager Westerbork empfand ein jüdischer Beamter das Lächeln Edith Steins wie ein warmes Leuchten, das keine Maske war. Edith Stein hat den ganzen Menschen respektiert, nicht nur den

[21] Herbstrith, Das wahre Gesicht, S. 103f.

[22] Hedwig Klüber, in: Herbstrith (Hrsg.), Edith Stein – eine große Glaubenszeugin, S. 190.

Erwachsenen, auch das Kind. Karl Rahner schreibt in seiner Theologie des Kindes: »Kindheit ist nicht nur Vorbereitung auf erwachsenes Leben, nicht nur Anlauf für spätere, reifere Jahre. Das Kind ist nicht nur werdender Mensch, sondern es ist vor allem ganzer Mensch ... Die Kindheit bleibt. Sie ist nicht die vergangene Zeit, sondern die bleibende. Wir verlieren die Kindheit nicht, sondern gehen ihr entgegen als dem bleibend Geretteten. Wir werden erst die Kinder, die wir waren, weil wir unsere Kindheit einsammeln in unsere Ewigkeit.«[23]
Edith Stein als Zeichen der Hoffnung inmitten von verlassenen, geängstigten, vom brutalen Vernichtungstod bedrohten Kindern, das ist das letzte Bild, das wir vor ihrer eigenen Vernichtung haben (81, 82). Ein Überlebender berichtet: »Was mir aber doch noch stark in Erinnerung blieb, ist eine Sorglosigkeit und fast eine Heiterkeit, mit der Edith Stein und die anderen Schwestern und Brüder sich in ihr Los schickten. Es war ihnen nicht anzusehen, daß sie nur wenige Stunden zuvor von der Polizei überrascht worden waren ... Sie hatten sogar Kinder bei sich. Ihre Haltung unterschied sich so sehr von der der anderen Lagerinsassen, die sich natürlich alle sehr fürchteten.«[24]

Der Leidensweg mit ihrem jüdischen Volk

Zu ihrer eigentlichen Sendung für die Kirche und das deutsche Volk wuchs Edith Stein heran durch die nationalsozialistische Judenverfolgung. Sie, die als Jüdin ihr Deutschtum preußischer Prägung bewußt und dankbar lebte, war zutiefst verletzt, wie Pater Hirschmann von seinen letzten Gesprächen mit ihr berichtet, daß Deutsche deutschen jüdischen Brüdern und Schwestern einen so grauenhaften Holocaust bereiten konnten[25] (76).

[23] Maria Amata Neyer, Die Philosophin und die Kinder, Zeitschrift »Christliche Innerlichkeit«, 14. 6. 1979, Wien, 283/284.
[24] Herbstrith, Das wahre Gesicht, S. 167f.
[25] Herbstrith (Hrsg.), Edith Stein. Ein neues Lebensbild, S. 153f.

Edith Stein hatte sich schon vor ihrem Karmeleintritt mit dem Phänomen Sühne und Stellvertretung befaßt. In ihren Vorlesungen in Münster über »die ontische Struktur der Person« behandelte sie das Problem, wie formale Rechtshandlungen, die zwischen Geschöpf und Schöpfer, zwischen Sünder und dem richtenden Gott zu denken sind, mit tiefem religiösem Inhalt gefüllt werden können. Sie steht dabei nicht nur in christlicher, sondern auch in jüdischer Tradition. Schalom Ben-Chorin spricht von der Darstellung des Leidens im Alten Testament, von Hiob, dem unschuldig Leidenden, vom Leiden als Strafe und vom Sühneleiden des Gottesknechtes in Deuterojesaia[26]. Während Israel sich im Laufe seiner besonders im Bereich des Christentums leidvollen Geschichte als ganzes Volk mit dem sühnenden Gottesknecht identifizierte, legte das Christentum diese Stellvertretung allein auf Jesus Christus, den Sohn Gottes, aus.

Edith Stein spricht von unfreiem und freiem Verhalten gegenüber dem Leid. Leiden als solches ist kein freier Akt. Wir können Leiden als gerechte Strafe für unser Fehlverhalten erkennen; das befähigt uns aber noch nicht, Stellvertretung für andere zu übernehmen (78). Ein freier Akt ist nach Edith Stein allein die Haltung, wie wir zum Leiden stehen, ob wir uns dagegen auflehnen oder es willig erleiden (69). »Dieses Verhalten ist frei, und bei ihm ist eine Vertretung möglich. Damit dieses Vertretungsverhältnis zustandekommen kann, muß der Vertreter die Vertretung in einem freien Akt übernehmen. Er muß sich bereit erklären, die Strafe für den andern zu erleiden. Aber das genügt nicht. Der Richter muß die Stellvertretung genehmigen.[27]

Es ist erschütternd, wie das, was Edith Stein als Wissenschaftlerin rational in einer Vorlesung darlegte, auch in ihr konkretes Leben und Handeln einging. Als Edith Stein 1933 vergeblich versucht hatte, Papst Pius XI. zu einer Enzyklika zum Schutz der Juden zu bewegen, erkannte sie, daß dies noch nicht das Eigentli-

[26] Schalom Ben-Chorin, Als Gott schwieg. Ein jüdisches Credo, Mainz 1986, S. 37–52.

[27] Edith Stein, Welt und Person. Beitrag zum christlichen Wahrheitsstreben, Ges. Werke Bd. VI, Louvain/Freiburg 1962, S. 165.

che war. Das ›Eigentliche‹ war ihre freie Entscheidung, im Karmel stellvertretend für ihr leidendes Volk und die Mörder einzutreten. Unsere jüdischen Brüder und Schwestern haben dieses Leidensangebot Edith Steins oft mißverstanden, als hätte sie den Holocaust der Juden als gerechtes Strafgericht angesehen. Ihr kirchliches Sprachspiel, z. B. daß das Leiden der Juden für sie im Zusammenhang mit dem Kreuz Christi stand, daß Gott seine Hand schwer auf sein Volk gelegt habe, sollte ausdrücken, daß sie die Entwürdigung des *unschuldigen* jüdischen Volkes im Zusammenhang sah mit der Hinmordung des *unschuldigen* Jesus von Nazaret. Sie glaubte, daß von der erlösenden Kraft des Opfers Christi Heil für alle Menschen ausgehe. Mit Christus vereint wollte sie das Unheil, das über allen Menschen schwebte, besonders aber über den Juden, wieder gutmachen (84).

1940 überrollten die Nationalsozialisten Holland. Damit waren Edith Stein und ihre leibliche Schwester Rosa Stein, die sich zu ihr geflüchtet hatte, erneut tödlicher Bedrohung ausgesetzt (71, 72, 80). Als die holländischen Bischöfe sich im Juli 1942 gegen die Judendeportationen öffentlich wehrten, wurden am 2. August 1942 als Racheakt alle katholischen Juden verhaftet und am 7. August nach Auschwitz abgeschoben. Sie hatten eine »Sonderbehandlung« und wurden direkt von der Rampe in Auschwitz nach Birkenau in die Gaskammern geschickt (83).

Die Wirkung des Lebensopfers Edith Steins

Nach der Reichskristallnacht 1938 und dem Ausbruch des 2. Weltkrieges 1939 hat Edith Stein in geschriebenen Dokumenten, die sie ihren Obern übergab, Gott ihr Leben angeboten, um das Unheil des Krieges und die sinnlose Judenvernichtung abzuwenden (67, 84). Wir können entgegenhalten: Was hat diese Identifikation Edith Steins mit der jüdischen Heldin Esther, die sich für ihr verfolgtes Volk einsetzte, bewirkt? Was hat Edith Steins Aufschrei an Gott, er möge ihr Leben als Opfer annehmen, damit die gestörte Welt zum Frieden zurückfinde, zwischen 1939 und 1945 ausgelöst? Anhand der Millionen Opfer können wir mit den Juden sagen: »Gott schwieg«. Aber er schwieg nicht immer. Gott hat das Schicksal dieser Welt in unsere Hände gelegt, den Mord an Jesus Christus, den Mord an den Juden, das sinnlose Sterben von Millionen Kriegsopfern. Er hat uns aber auch eine Chance zum Neubeginn gegeben. Aus den Trümmern unserer verfehlten Vergangenheit durften wir eine neue Welt aufbauen. Ist es eine bessere, eine gute, eine demokratisch geleitete Gesellschaft geworden? Ist durch das 2. Vatikanische Konzil die Kirche erneuert worden? Ich verstehe es als Edith Steins Anfrage an uns. All das Gute, das wir in den letzten Jahrzehnten erfahren haben – die Aussöhnung zwischen Deutschland und Polen, das brüderliche Gespräch mit unseren jüdischen Brüdern und Schwestern –, ist das schon genug? Die Frage soll uns warnen, daß wir nicht glauben, wir hätten es geschafft[28].

Jeder Tag soll uns neu bewußt machen, daß wir die Wahrheit in unserem Leben suchen müssen wie Edith Stein, daß wir aus den Trümmern unserer Selbstgerechtigkeit und mangelnden Versöhnungsbereitschaft immer neu auferstehen müssen. Für diesen schweren Weg ist uns Edith Stein seit vielen Jahren zum Leitbild geworden, zu einem Licht, das uns Hoffnung gibt. Mit ihr zusammen wollen wir Sophie Scholl und ihre Mitstreiter in der Weißen Rose nennen, mit ihr zusammen wollen wir Dietrich Bonhoeffers und Alfred Delps, Maximilian Kolbes und all der Unzähligen gedenken, die durch ihr Lebensopfer, ihre Menschenliebe, ihr Vertrauen in Gottes barmherzige Führung, uns helfen, eine geschwisterliche Welt zu bauen, in der nicht Haß und Rivalität regieren, sondern der Geist Jesu Christi, die Güte des erbarmenden Gottes.

Als Edith Stein 1942 in Holland zusammen mit ihrer Schwester Rosa von der SS verhaftet wurde, als Racheakt für den Einspruch der holländischen Bischöfe gegen die Judenverfolgung, sagte sie

[28] Papst Johannes Paul II., »Ihr seid unsere älteren Brüder«, in: L'Osservatore Romano, 16. Jg./Nr. 16 (18. April 1986), S. 9.

zu ihrer Schwester: »Komm, wir gehen für unser Volk.«[29] Heute würde sie vielleicht sagen: »Komm, wir gehen mit unserem Volk«, mit allen Menschen guten Willens, die diese Welt der Zerstörung entreißen wollen. Die letzten Zeugenaussagen, die wir über Edith Steins sechs letzte Lebenstage in den Konzentrationslagern Amersfoort und Westerbork in Holland haben, berichten von ihrer unzerstörbaren Festigkeit und Gelassenheit und von ihrer tiefen Trauer. Sie half den verzweifelten Frauen und Müttern, wusch und versorgte die verlassenen Kinder, tröstete ihre Gefährten in der Kraft des Gebetes. In dieser Haltung ist sie uns in den Tod vorausgegangen, in einen menschenunwürdigen Vergasungstod. Aber aus diesem Tod hat Gott für uns die Kraft seiner Auferstehung leuchten lassen.

Ein jüdischer Beamter, der überlebt hat, berichtet aus seinem letzten Gespräch mit Edith Stein vor ihrer Verladung in Viehwaggons: »Die eine Nonne, die mir sofort aufgefallen war und die ich – trotz der vielen abscheulichen ›Episoden‹, deren Zeuge ich war – nie habe vergessen können, die Frau mit ihrem Lächeln, das keine Maske war, sondern wie ein warmes Leuchten aufging, ist diejenige, die durch den Vatikan vielleicht heiliggesprochen wird. Als ich dieser Frau im Lager Westerbork begegnete, wußte ich sofort: Das ist ein wahrhaft großer Mensch. In dem Hexenkessel Westerbork lebte sie einige Tage, ging, sprach und betete sie – wie eine Heilige. Ja, das war sie. Das war das Bild dieser älteren Frau, die so jugendlich wirkte, die so ganz und wahrhaftig und echt war. Bei einem Gespräch sagte sie: ›Die Welt besteht aus Gegensätzen. Letzten Endes aber wird nichts bleiben von diesen Kontrasten. Die große Liebe allein wird bleiben. Wie sollte es auch anders sein können?‹ So sicher und demütig sprach sie, daß es die Zuhörer packen mußte. Ein Gespräch mit ihr, das war eine Reise in eine andere Welt. In solchen Minuten bestand Westerbork nicht mehr. ›Daß Menschen so sein können, habe ich nicht gewußt‹, sagte sie einmal. ›Und daß meine Schwestern und Brüder so leiden müssen, das habe ich wahrhaftig auch nicht

[29] Herbstrith, Das wahre Gesicht, S. 167.

gewußt. Jede Stunde bete ich für sie. Ob Gott mein Gebet hört? Ihre Klage hört er ganz gewiß.‹«[30]
»Das Geheimnis der Erlösung liegt in der Erinnerung« – so steht es in der Erinnerungshalle Yad Vashem in Jerusalem[31] Wir wollen uns u. a. mit Hilfe dieses Bandes des Lebenszeugnisses und der Botschaft vom Leben aus der Tiefe an alle Zeitgenossen – und nicht nur an Christen – sowie des Schicksals Edith Steins und ihrer ermordeten Schwester und Brüder erinnern. Möge dieses Buch die immer aktuell bleibende Erinnerung für viele Leser wachhalten.

Zu dieser Textauswahl

Dieser Band mit ausgewählten Texten zu Fragen der Zeit von Edith Stein will an Hand prägnanter Texte das Verständnis fördern, daß diese großartige Frau – auch nach der Seligsprechung – nicht einfach in den Innenraum der Kirche gehört. Sein Ziel ist es, den christlichen Lesern bewußt zu machen, daß Edith Steins Lebenszeugnis und ihre Botschaft vom Leben aus der Tiefe konkret verpflichtet, und der breiten Öffentlichkeit eine Leitfigur vorzustellen, die viele Entwicklungen unserer Zeit vorausgeahnt, vorformuliert und vorgelebt hat. Die hier gesammelten Texte machen das ganze Spektrum ihres Lebens und Denkens transparent:
– Vom eigensinnigen, manchmal »entzückend boshaften« Mädchen – zur opferbereiten und voraussetzungslos Liebenden.
– Von Depressionen einer Suchenden, Zweifelnden und Unwissenden – zur unbeirrten Einfühlung einer tief Wahrnehmenden und Glaubenden.
– Von der zunächst erstrebten Ehe – zum selbstlosen Verzicht auf eigene Familie, ohne Ehe und Familie abzuwerten.

[30] Ebd., S. 173.
[31] Ebd., S. 15f.

– Vom politisch-emanzipatorischen Kampf einer selbstbewußten Frau und Intellektuellen um Gleichberechtigung der Frauen und Unterdrückten – zur reifen Mystikerin und Märtyrerin.
– Von einem radikalen ethischen Engagement einer agnostischen Humanistin – zur Tiefe der Gotteserfahrung zwischen dem Schein der Oberfläche und dem Sein mit seiner Nähe zum Nichts und zur Leere.
– Vom menschlichen Entsetzen in anbetracht des eigenen und fremden Leidens – zur Botschafterin der Kreuzeswissenschaft und der Freude und Lebensbejahung auch im Inferno des Konzentrationslagers.
Die beiden Teile des Bandes bezeugen Edith Steins unbeirrbare Stimmigkeit zwischen dem »Zeugnis des Lebens« und ihrer »Botschaft vom Leben aus der Tiefe«, zwischen dem Weltlichen, an dem sie auch im Karmelitinnenkloster bewußt und engagiert teilnahm, und dem Mystischen, das sich schon in den ursprünglichen Fragen, Wünschen und Einfühlungen dieser jungen Frau meldete, zwischen der Selbstfindung und Gotteserfahrung, zwischen der Oberfläche, die sie sehr ernst nahm und dem entschlossenen Aufbruch nach innen. Aus dieser Stimmigkeit resultierte ihr Leben aus der Mitte[32].
An dieser Stelle möchte ich allen danken, die zur Entstehung dieses Bandes beigetragen haben. Neben dem Lektor im Kösel-Verlag, Dr. Bogdan Snela, der diese Textsammlung an Hand meiner losen Auswahl konzipiert und strukturiert hat, gilt mein besonderer Dank den Personen, Institutionen und Verlagen, die die vorliegenden Texte zur Verfügung gestellt haben. Die Nichte von Edith Stein, Frau Suse Batzdorff, aus Kalifornien, und der Neffe Werner Gordon aus Kolumbien haben uns 17 bisher nicht veröffentlichte Briefe an die Familie (12, 17, 18, 19, 24, 25, 26,

[32] Vgl. dazu weiterführende Publikationen: Edith Stein, Wege zur inneren Stille. Gesammelte Schriften, hrsg. von Waltraud Herbstrith, Aschaffenburg ²1987; Waltraud Herbstrith, Eine Märtyrerin des 20. Jahrhunderts – Edith Stein, Hoffen im Hoffnungslosen, Neuried 1987; dies., Das jüdische Gesicht Edith Steins, in: Christ in der Gegenwart 7/40, vom 14. 2. 1988.

27, 43, 44, 59, 61, 71, 72, 73, 74, 85), darüber hinaus auch das humor- und geistvolle Ständchen zur Hochzeit von Edith Steins Schwester, Erna Biberstein (20), zur Verfügung gestellt. Die Veröffentlichung der übrigen 11 Texte ermöglichten Frau Gertrud Vierneisel in München (32, 36), Professor Dr. Hugo Ott aus dem Historischen Institut der Universität in Freiburg (33, 34, 35), das Zentralarchiv der DDR in Merseburg (31), der Akademische Oberrat, Dr. Raimund Honecker in Aachen (37), das Generalat der Redemptoristen in Rom (40), Professor Dr. Jan H. Nota SJ aus Kanada (41, 84) und der Karmel in le Pâguier/ Schweiz (81). Frau Dr. Lucie Gelber aus Brüssel und die Verlage Kaffke und Herder haben uns freundlicherweise die Abdruckgenehmigungen aus den bereits veröffentlichten Texten erteilt.
Möge dieser Band als ein Edith-Stein-Brevier von vielen Lesern in die Hände genommen und nachgeschlagen werden, um zu helfen, wie Edith Stein aus der Tiefe zu leben und ihre Botschaft für die heutige Welt und Kirche weiterwirken zu lassen.

Tübingen, am 12. Oktober 1987, dem 96. Geburtstag von Edith Stein

Waltraud Herbstrith

Erster Teil
Das Zeugnis des Lebens

I Vom jüdischen Erbe zum Christentum

Sie war nicht nur eine ihrem Volk in Liebe verbundene Jüdin, sie war gleichzeitig eine dem deutschen Volk in Liebe verbundene Deutsche. Und als solche hat sie sich gefragt – sie hat es mir oft gesagt –: »Wer sühnt für das, was am jüdischen Volk im Namen des deutschen Volkes geschieht?« Sie hat darunter gelitten, was Deutsche dem jüdischen Volk antaten. Sie hat darunter gelitten, daß getaufte Christen wie Hitler und Himmler diese entsetzliche Schuld am jüdischen Volk auf sich nahmen. »Wer wendet diese entsetzliche Schuld zum Segen für beide Völker?«

Pater Hans Hirschmann

1 Die Feste meiner Kindheit

Zu den großen Ereignissen des häuslichen Lebens [in einer jüdischen Familie] gehörten neben den Familienfesten die hohen jüdischen Feiertage: vor allem das Peßach (Paschafest) zeitlich etwa mit Ostern zusammenfallend sowie das Neujahrsfest und der Versöhnungstag (Im September oder Oktober je nach der Verschiebung des jüdischen zum gregorianischen Kalender). Es ist den meisten Christen nicht bekannt, daß das »Fest der ungesäuerten Brote«, die Erinnerung an den Auszug der Kinder Israels aus Ägypten, noch heute so gefeiert wird, wie der Herr es mit den Jüngern feierte, als er das allerheiligste Altarsakrament einsetzte und von ihnen Abschied nahm. Es wird zwar kein Osterlamm mehr geschlachtet, seit der Tempel zu Jerusalem gefallen ist, aber noch immer verteilt der Hausherr unter den vorgeschriebenen Gebeten das ungesäuerte Brot und die bitteren Kräuter, die an die Trübsal der Verbannung erinnern, segnet den Wein und liest den Bericht über die Befreiung des Volkes aus Ägypten vor. Mit der eigenwilligen Konsequenz, die dem jüdischen Geist eigen ist, sind die Festbräuche ausgebaut worden: eine ganze Woche lang wird kein gesäuertes Brot und auch sonst nichts Gesäuertes genossen oder auch nur im Haus geduldet [. . .]

Das Judentum hat eine ausgebildete Liturgie, feste Gebetszeiten für jeden Tag und für die hohen Feste eine Gottesdienstordnung, die einen großen Teil des Tages ausfüllt. (Aus dieser Liturgie, die sich aus Psalmen und Schriftlesungen zusammensetzt, ist die Liturgie der Kirche erwachsen). Meine Mutter pflegt am Vorabend nicht den öffentlichen Gottesdienst zu besuchen, sondern betet ihn zu Hause still für sich aus ihrem Gebetbuch mit, nachdem sie andächtig, auch unter den vorgeschriebenen Gebeten und zur vorgeschriebenen Stunde, die Kerzen in den hohen silbernen Leuchtern angezündet hat, die den Beginn des Festes ankünden. Der höchste jüdische Feiertag ist der Versöhnungstag: der Tag, an dem einst der Hohepriester ins Allerheiligste eintrat und das Versöhnungsopfer für sich und das ganze Volk darbrachte, nachdem der »Sündenbock«, auf den alle Vergehen des Volkes geladen wurden, in die Wüste hinausgetrieben war. Das alles hat aufgehört. Aber noch heute wird der Tag mit Beten und Fasten begangen, und wer auch nur ein wenig noch auf sein Judentum hält, der geht an diesem Tage zum »Tempel«. Obwohl ich die Leckerbissen der andern Feste keineswegs verschmähte, hat es mich doch immer besonders angezogen, daß man an diesem Fest 24 Stunden und länger keinen Bissen und keinen Schluck zu sich nahm, und ich liebte es mehr als alle andern. Am Vorabend mußte man das Nachtmahl schon am hellen Tage nehmen; denn wenn der erste Stern am Himmel stand, begann der Gottesdienst in der Synagoge. An diesem Abend ging nicht nur meine Mutter hin, sondern die großen Schwestern begleiteten sie, und auch die Brüder betrachteten es als Ehrenpflicht, nicht zu fehlen. Die herrlichen alten Melodien dieses Abends locken sogar Andersgläubige herbei. Am nächsten Morgen stand meine Mutter etwas später auf als sonst (ihre gewöhnliche Zeit ist heute noch halb sechs Uhr), aber immer noch früher als alle andern.

Dann ging sie von Bett zu Bett und nahm von allen zärtlich Abschied, denn sie blieb den ganzen Tag in der Synagoge. Wir blieben möglichst lange im Bett (es war für diesen Fall erlaubt, im Bett zu lesen), unsere Schwester Frieda stand überhaupt nicht auf, weil sie sonst das Fasten nicht vertragen konnte. Wir Kleinen

Wahrscheinlich 1911, im Jahr Edith Steins Abitur und Studienbeginns in Breslau

gingen zur Totenfeier in die Synagoge; darauf hielt meine Mutter, weil wir dabei unseres Vaters gedenken sollten. Es brannten auch Tag und Nacht zu Hause zwei große, dicke, weiße Kerzen zum Andenken an unsere Verstorbenen. Abends holte meist einer meiner Brüder die Mutter heim. Es war immer eine große Freude, wenn die ganze Familie sich wieder zusammenfand und wenn alle den Tag gut überstanden hatten. Die Pflicht zu fasten besteht für Knaben vom vollendeten 13., für Mädchen vom 12. Jahre an. Ich hätte mich gern gewissenhaft daran gehalten, man hielt mich aber im 12. Jahr noch zu zart und erlaubte mir nur, bis mittag nüchtern zu bleiben. Vom 13. Jahr an aber habe ich immer ausgehalten, und niemand von uns dispensierte sich vom Fasten, auch als wir alle den Glauben unserer Mutter nicht mehr teilten und uns außerhalb des Hauses nicht mehr an die rituellen Vorschriften hielten.

Aus: Aus dem Leben einer jüdischen Familie (1933–1935)

2 Liebe zur Geschichte

Tations Evangelienharmonien und etwas später Ulfilas' Bibelübersetzung vermittelten mir die erste Bekanntschaft mit dem Evangelium (abgesehen von Bruchstücken, die ich in den Schulandachten kennen gelernt hatte). In unserm gotischen Lesebuch stand unter dem gotischen der griechische Urtext. Ich wurde aber damals nicht religiös davon ergriffen. Auch bei [meiner Schulfreundin] Kaethe Scholz habe ich nicht bemerkt, daß die Schrift für sie etwas Heiliges bedeutet hätte. Die Verschiedenheit der Konfession und Abstammung störte unsere Freundschaft nicht und wir hätten über religiöse Fragen ebenso offen wie über andere gesprochen, wenn sie uns bewegt hätten. Eine kleine Verstimmung gab es manchmal bei politischen Gesprächen. Ich stand damals stark unter liberalen Einflüssen. Die schlesische Landbevölkerung war unter dem Druck des beherrschenden Großgrundbesitzes überwiegend preußisch-konservativ. Kaethes

Bruder begann damals gerade die Offizierslaufbahn. Dieses Milieu wirkte noch etwas bei ihr nach, obgleich sie viel in anderen Kreisen verkehrte. Später hat sie mancherlei Gesinnungswandlungen durchgemacht. Auch bei mir begann damals eine Veränderung in meinem Verhältnis zum Staat sich anzubahnen. Dazu trug mein Geschichtsstudium bei. [...] Die großzügige Belichtung weltgeschichtlicher Zusammenhänge weckte meine alte Liebe zur Geschichte wieder auf, so daß ich in den ersten Semestern noch schwankte, ob ich nicht sie zu meinem Hauptarbeitsgebiet machen sollte. Diese Liebe zur Geschichte war bei mir keine bloß romantische Versenkung in vergangene Zeiten; mit ihr hing aufs engste zusammen eine leidenschaftliche Teilnahme an dem politischen Geschehen der Gegenwart als der werdenden Geschichte, und beides entsprang wohl einem ungewöhnlich starken sozialen Verantwortungsbewußtsein, einem Gefühl für die Solidarität der Menschheit, aber auch der engeren Gemeinschaften. So sehr mich ein darwinistischer Nationalismus abstieß, so fest war ich doch immer von dem Sinn und der natürlichen wie geschichtlichen Notwendigkeit einzelner Staaten und verschieden gearteter Völker und Nationen überzeugt. Darum konnten sozialistische Auffassungen und andere internationale Bestrebungen niemals Einfluß auf mich gewinnen.

Aus: Aus dem Leben einer jüdischen Familie (1933–1935)

3 Erste Berührung mit dem Katholizismus

Für mich wie für viele andere ist in jenen Jahren [Schelers] Einfluß weit über das Gebiet der Philosophie hinaus von Bedeutung geworden. Ich weiß nicht, in welchem Jahr Scheler zur katholischen Kirche zurückgekehrt ist. Es kann damals nicht sehr lange zurückgelegen haben. Jedenfalls war es die Zeit, in der er ganz erfüllt war von katholischen Ideen und mit allem Glanz seines Geistes und seiner Sprachgewalt für sie zu werben verstand. Das war meine erste Berührung mit dieser bis dahin völlig unbekannten Welt. Sie führte mich noch nicht zum Glauben. Aber sie erschloß mir einen Bereich von »Phänomenen«, an denen ich nun nicht mehr blind vorbeigehen konnte. Nicht umsonst wurde uns beständig eingeschärft, daß wir alle Dinge vorurteilsfrei ins Auge fassen, alle »Scheuklappen« abwerfen sollten. Die Schranken der rationalistischen Vorurteile, in denen ich aufgewachsen war, ohne es zu wissen, fielen, und die Welt des Glaubens stand plötzlich vor mir. Menschen, mit denen ich täglich umging, zu denen ich mit Bewunderung aufblickte, lebten darin. Sie mußten zumindest eines ernsten Nachdenkens wert sein. Vorläufig ging ich noch nicht an eine systematische Beschäftigung mit den Glaubensfragen; dazu war ich noch viel zu sehr von andern Dingen ausgefüllt. Ich begnügte mich damit, Anregungen aus meiner Umgebung widerstandslos in mich aufzunehmen, und wurde – fast ohne es zu merken – dadurch allmählich umgebildet.

Aus: Aus dem Leben einer jüdischen Familie (1933–1935)

4 Erfahrungen im Ersten Weltkrieg

Mitten in unser friedliches Studentenleben hinein platzte die Bombe des serbischen Königsmordes. Der Juli war erfüllt von der Frage: Wird es zu einem europäischen Kriege kommen? Alles sah danach aus, als ob ein schweres Gewitter heraufzöge. Aber wir konnten es nicht fassen, daß es wirklich dazu kommen sollte. Wer im Kriege oder nach dem Kriege herangewachsen ist, der kann sich von der Sicherheit, in der wir bis 1914 zu leben glaubten, keine Vorstellung machen. Der Frieden, die Festigkeit des Besitzes, die Beständigkeit der gewohnten Verhältnisse waren uns wie eine unerschütterliche Lebensgrundlage. Als man schließlich merkte, daß der Sturm unaufhaltsam näher kam, suchte man sich den Verlauf klar zu machen. Das stand fest, daß

er ganz anders würde als alle früheren Kriege. Eine so entsetzliche Vernichtung würde es sein, daß es nicht lange dauern könnte. In ein paar Monaten würde alles vorbei sein.
Von Tag zu Tag steigerte sich die Erregung. Ich verhielt mich aber schon damals so, wie ich es später in solchen Krisentagen ganz bewußt zu tun pflegte: ich blieb ruhig bei meiner Arbeit, obwohl innerlich bereit, jeden Augenblick abzubrechen. [. . .]
An Schlaf war freilich nicht zu denken. ich war in einer fieberhaften Anspannung, sah aber mit großer Klarheit und Entschlossenheit den Dingen ins Auge. »Ich habe jetzt kein eigenes Leben mehr«, sagte ich mir. »Meine ganze Kraft gehört dem großen Geschehen. Wenn der Krieg vorbei ist und wenn ich dann noch lebe, dann darf ich wieder an meine privaten Angelegenheiten denken«.
Trotz der lastenden Kriegssorgen ist wohl dieser Winter die glücklichste Zeit während meiner Göttinger Studienjahre gewesen. Die Freundschaft mit Pauline und Erika war tiefer und schöner als die alten Studienfreundschaften. Es war zum ersten Mal, daß nicht ich der führende und umworbene Teil war, sondern daß ich in den andern etwas Besseres und Höheres sah als ich selbst war. [. . .]
Bei weitem am liebsten war mir der Verkehr mit den Patienten, wenn er auch manche Schwierigkeiten bot. Es waren ja in unserem Lazarett alle Nationen der österreichisch-ungarischen Monarchie vertreten: Deutsche, Tschechen, Slowaken, Slovenen, Polen, Ruthenen, Ungarn, Rumänen, Italiener. Auch Zigeuner waren nicht selten. Dazu kam noch manchmal ein Russe oder Türke [. . .] Ihre völlige Hilflosigkeit und Pflegebedürftigkeit machte mir die Arbeit besonders lieb. Sehr bald lernte man die Unterschiede der Nationen kennen. Wir hatten keinen einzigen Reichsdeutschen auf der Station. Später habe ich einige als Patienten gehabt. Wir deutschen Schwestern jubelten, wenn wir einen Landsmann bei einem Transport entdeckten. Hatten wir ihn aber ein paar Tage in unserm Krankenzimmer, dann wurden wir meist recht kleinlaut. Sie waren anspruchsvoll und kritisch, unsere Landsleute, und konnten einen ganzen Saal in Aufruhr

bringen, wenn ihnen etwas nicht paßte. Die »wilden Völkerschaften« waren demütig und dankbar. Sie taten mir so leid, die armen Slowaken und Ruthenen, die man aus ihren friedlichen Dörfern herausgerissen und ins Feld geschickt hatte. Was wußten sie von den Geschicken des Deutschen Reiches und der Habsburger-Monarchie? Nun lagen sie da und litten, ohne zu wissen, wofür. [. . .]
Manchmal kam ein Feldgeistlicher in Uniform in den Saal und ging durch die Reihen. Ich muß sagen, daß er wenig vertrauenerweckend aussah; ich habe auch nicht bemerkt, daß er sich längere Zeit bei jemandem aufgehalten hätte. Nie habe ich es erlebt, daß einem Kranken die hl. Kommunion gebracht oder die hl. Ölung gespendet wurde. Leider war ich so völlig unwissend in diesen Dingen, daß es mir gar nicht einfiel, danach zu fragen oder dafür zu sorgen. [. . .]
Ein einziger deutscher Arzt war bei uns tätig. Dr. *Scharf,* ein freundlicher Österreicher. [. . .] Wenn ein Arzt mich dem andern als »Schwester Edith, in Zivil Philosophin« vorstellte, war ich von vornherein vor Zudringlichkeiten sicher. Dr. Scharf erkundigte sich, warum ich denn meine wissenschaftlichen Arbeiten unterbrochen hätte und hierhergekommen sei. (Darüber schienen sich alle zu wundern). Ich erklärte ihm, meine Studiengefährten seien alle im Feld und ich sähe nicht ein, warum ich es besser haben sollte als sie.

Aus: Aus dem Leben einer jüdischen Familie (1933–1935)

5 Erste Begegnung mit dem Kreuz

[Adolf Reinachs Tod im Krieg und die Haltung seiner Frau] war meine erste Begegnung mit dem Kreuz und der göttlichen Kraft, die es seinen Trägern mitteilt. Ich sah zum erstenmal die aus dem Erlöserleiden geborene Kirche in ihrem Sieg über den Stachel des Todes handgreiflich vor mir. Es war der Augenblick, in dem mein Unglaube zusammenbrach, das Judentum verblaßte, und Christus aufstrahlte, Christus im Geheimnis des Kreuzes.

Aus: M. T. Posselt, Edith Stein. 1941/42

6 Zwei unvergeßliche Beobachtungen

Wir traten für einige Minuten in den [Frankfurter] Dom, und während wir in ehrfürchtigem Schweigen dort verweilten, kam eine Frau mit ihrem Marktkorb herein und kniete zu kurzem Gebet in einer Bank nieder. Das war für mich etwas Neues. In die Synagogen und in die protestantischen Kirchen, die ich besucht hatte, ging man nur zum Gottesdienst. Hier aber kam jemand mitten aus den Werktagsgeschäften in die menschenleere Kirche wie zu einem vertrauten Gespräch. Das habe ich nie vergessen können. [. . .]
Ich habe das Heidelberger Schloß, den Neckar und die schönen Minnesängerhandschriften in der Universitätsbibliothek gesehen. Und doch hat sich wieder etwas anderes tiefer eingeprägt als diese Weltwunder: eine Simultankirche, die in der Mitte durch eine Wand geteilt ist und diesseits für den protestantischen, jenseits für den katholischen Gottesdienst benützt wird.

Aus: Aus dem Leben einer jüdischen Familie (1933–1935)

7 Zeugnis ablegen

Die letzten Monate haben die deutschen Juden aus der ruhigen Selbstverständlichkeit des Daseins herausgerissen. Sie sind gezwungen worden, über sich selbst, ihr Wesen und ihr Schicksal, nachzudenken. Aber auch vielen andern jenseits der Parteien Stehenden hat sich durch die Zeitereignisse die Judenfrage aufgedrängt. Sie ist z. B. in den Kreisen der katholischen Jugend mit großem Ernst und Verantwortungsbewußtsein aufgegriffen worden. Ich habe in diesen Monaten immer wieder an eine Unterredung denken müssen, die ich vor einigen Jahren mit einem Priester und Ordensmann hatte. Es wurde mir darin nahegelegt aufzuschreiben, was ich als Kind einer jüdischen Familie an jüdischem Menschentum kennengelernt habe, weil Außenstehende so wenig von diesen Tatsachen wüßten. Vielerlei andere Aufgaben hinderten mich damals, diesen Vorschlag ernstlich aufzugreifen. Als im letzten März mit der nationalen Revolution der Kampf gegen das Judentum in Deutschland einsetzte, fiel er mir wieder ein. »Wenn ich nur wüßte, wie Hitler zu seinem furchtbaren Judenhaß gekommen ist«, sagte eine meiner jüdischen Freundinnen in einem jener Gespräche, in denen man um Verständnis dessen, was da über einen hereinbrach, rang. Die programmatischen Schriften und Reden der neuen Machthaber gaben Antwort darauf.

Wie aus einem Hohlspiegel blickt uns daraus ein erschreckendes Zerrbild an. Mag sein, daß es in ehrlicher Überzeugung gezeichnet wurde. Mag sein, daß die einzelnen Züge lebenden Modellen nachgebildet wurden. Aber ist das jüdische Menschentum schlechthin die notwendige Auswirkung des »jüdischen Blutes«? Sind Großkapitalisten, schnoddrige Literatur und die unruhigen Köpfe, die in den revolutionären Bewegungen der letzten Jahrzehnte eine führende Rolle spielten, die einzigen oder auch nur die echtesten Vertreter des Judentums? In allen Schichten des deutschen Volkes werden sich Menschen finden, die diese Frage verneinen: sie sind als Angestellte, als Nachbarn, als Schul- und Studiengefährten in jüdische Familien hineingekommen; sie haben dort Herzensgüte, Verständnis, warme Teilnahme und Hilfsbereitschaft gefunden; und ihr Gerechtigkeitssinn empört sich dagegen, daß diese Menschen jetzt zu einem Pariadasein verurteilt werden. Aber vielen andern fehlen diese Erfahrungen. Vor allem wird der Jugend, die heute von frühester Kindheit an im Rassenhaß erzogen wird, die Gelegenheit dazu abgeschnitten. Ihnen gegenüber haben wir, die wir im Judentum groß geworden sind, die Pflicht, Zeugnis abzulegen.

Aus: Aus dem Leben einer jüdischen Familie, Vorwort (1933–1935)

8 Erfaßt von der Judenverfolgung

Die Tagung in Karlsruhe kann nicht stattfinden wegen der großen Krisis, in der sich die ganze katholische Lehrerschaft jetzt befindet. So werde ich auch nicht hinkommen. Unser Institut ist in diese Krisis mit hineingezogen. Ich kann in diesem Semester keine Vorlesungen halten (wegen meiner jüdischen Abstammung). Es wird noch vorläufig für mich gesorgt, weil man hofft, daß meine wissenschaftliche Arbeit doch noch wieder der katholischen Sache zugute kommen wird. Ich glaube aber nicht an eine Rückkehr an das Institut und überhaupt nicht mehr an die Möglichkeit einer Lehrtätigkeit in Deutschland.

Aus: Brief an Elly Dursy (Sr. M. Elisabeth OCD), 7. 5. 1933 aus Münster

Ich bleibe vorläufig hier, bis die Situation klarer ist. Sorge Dich nicht um mich. Der Herr weiß, was Er mit mir vorhat.
Jetzt möchte ich Dir nur noch viel Geduld wünschen für die Leidenszeit und den letzten Trost, auf den ich Dich schon manchmal hinweisen mußte: daß der Weg des Leidens der erprobteste ist zur Vereinigung mit dem Herrn. Die erlösende Kraft des freudig ertragenen Leidens ist so nötig gerade für unsere Zeit. Ich bitte Dich auch besonders um Dein Gebet für meine Angehörigen.

Aus: Brief an Anneliese Lichtenberger vom 26. 7. 1933 aus Köln-Lindenthal

9 Der lange Weg in den Orden

Etwa 10 Tage nach meiner Rückkehr aus Beuron kam mir der Gedanke: sollte es nicht jetzt endlich Zeit sein, in den Karmel zu gehen? Seit fast 12 Jahren war der Karmel mein Ziel. Seit mir im Sommer 1921 das »Leben« unserer hl. Mutter Teresia in die Hände gefallen war, und meinem langen Suchen nach dem

wahren Glauben ein Ende gemacht hatte. Als ich am Neujahrstag 1922 die hl. Taufe empfing, dachte ich, daß dies nur die Vorbereitung zum Eintritt in den Orden sei. Aber als ich einige Monate später, nach meiner Taufe zum erstenmal meiner lieben Mutter gegenüberstand, wurde mir klar, daß sie dem zweiten Schlag vorläufig nicht gewachsen sei. Sie würde nicht daran sterben, aber es würde sie mit einer Verbitterung erfüllen, die ich nicht verantworten könnte. Ich mußte in Geduld warten. So wurde mir auch von meinen geistlichen Beratern wieder versichert. Das Warten war mir zuletzt sehr hart geworden. Ich war ein Fremdling in der Welt geworden. Ehe ich die Tätigkeit in Münster übernahm und nach dem ersten Semester hatte ich dringend um die Erlaubnis, in den Orden eintreten zu dürfen, gebeten. Sie wurde mir verweigert mit dem Hinweis auf meine Mutter und auch auf die Wirksamkeit, die ich seit einigen Jahren im katholischen Leben hatte. Ich hatte mich gefügt. Aber nun waren ja die hemmenden Mauern eingestürzt. Meine Wirksamkeit war zu Ende. Und würde mich meine Mutter nicht lieber in einem Kloster in Deutschland wissen als an einer Schule in Südamerika? Am 30. April – es war der Sonntag vom guten Hirten – wurde in der Ludgerikirche das Fest des hl. Ludgerus mit 13stündigem Gebet gefeiert. Am späten Nachmittag ging ich dorthin und sagte mir: ich gehe nicht wieder fort, ehe ich Klarheit habe, ob ich jetzt in den Karmel gehen darf. Als der Schlußsegen gegeben war, hatte ich das Jawort des Guten Hirten. [. . .]
Ich war acht Jahre in Speyer als Lehrerin, war mit dem ganzen Konvent innig verbunden und konnte doch nicht eintreten; ich betrachtete Beuron wie den Vorhof des Himmels, dachte aber nie daran, Benediktinerin zu werden, immer war es mir, als hätte der Herr mir im Karmel etwas aufgespart, was ich nur dort finden könnte.

Aus: M. T. Posselt, Edith Stein (1938)

10 Mein Fortgehen

Es war mir in den letzten Wochen und Tagen immer ein Trost und eine Stärkung, wenn jemand mir den festen Glauben an meinen Beruf versicherte. Denn in meiner nächsten Umgebung sah ich nur den großen Schmerz, dem gegenüber mein Fortgehen wie eine unfaßliche Grausamkeit erschien.

Aus: Brief an Mater Petra Brüning OSU vom 18. 10. 1933 aus Köln

11 Meine Entscheidung zwischen Bejahung und Ablehnung

Es tut mir in diesen schweren letzten Tagen so gut, wenn etwas von den Menschen zu mir kommt, die meinen Weg verstehen – im Gegensatz zu dem großen Leid, das ich hier verursachen muß und täglich vor Augen habe. Nicht wahr, Sie helfen mir, für meine Mutter bitten, daß ihr die Kraft geschenkt wird, den Abschied zu ertragen, und das Licht, ihn zu verstehen. Ich habe oft gedacht, daß es Ihnen viel bedeuten würde, meine Mutter zu kennen. Eine gewisse Verwandtschaft hat sie mit Veronikas Großmutter, nur ist sie kein Kulturmensch, sondern eine ganz schlichte und starke Natur.
Natürlich habe ich auch in den letzten Monaten sehr oft an Sie gedacht, seit ich meinen Weg wußte: daß Sie nun den Karmel erst richtig kennenlernen werden, wenn Sie mich in Köln besuchen. Und das wird dann wahrscheinlich schöner als Münster und vielleicht sogar als Beuron. Sie dürfen nicht glauben, daß Sie irgend etwas verlieren. Jeder, der einen Platz in meinem Herzen und in meinem Gebet hat, wird nur gewinnen. [. . .]
Ich habe meiner Mutter nie von Ihnen gesprochen. Ich konnte ihr keine Ihrer Dichtungen in die Hand geben, weil sie alles ablehnt, was über ihren jüdischen Glauben hinausgeht. Darum war es ja auch jetzt nicht möglich, ihr irgend etwas zu sagen, was ihr

meinen Schritt ein wenig verständlich machen konnte. Ganz besonders lehnt sie Konversionen ab. Jeder soll in dem Glauben leben und sterben, in dem er geboren ist. Von Katholizismus und Klosterleben hat sie schauderhafte Vorstellungen. Es ist im Augenblick schwer zu sagen, worunter sie am meisten leidet: unter der Trennung von ihrem jüngsten Kind, an dem sie immer mit besonderer Liebe gehangen hat, unter dem Grauen vor der völlig fremden und unzugänglichen Welt, in die es ihr entschwunden ist, oder unter der Gewissensnot, daß sie selbst schuld sei, weil sie mich nicht streng genug im Judentum erzogen hat. Als Anknüpfungspunkte für Sie sehe ich nur die ganz starke und echte Gottesliebe, die meine Mutter hat, und die durch nichts zu erschütternde Liebe zu mir. Ich möchte es Ihnen nun ganz anheimstellen, ob Sie sich an diese schwere Aufgabe heranwagen wollen.

Aus: Briefe an Gertrud von le Fort vom 9. 10. 1933 und 17. 10. 1933 aus Breslau und Köln

12 Schön und traurig zugleich*

Meine Liebe Erna, Dir und den Kindern danke ich herzlich für Euren lieben Brief. Ich freute mich sehr, daß Du mir zu meinem Festtag schriebst, auch, daß Du den Bericht von Frl. Dr. Günther gleich an Rose weitergegeben hast. Ich bekam umgehend einen Brief von ihr und war erst ganz erstaunt, auf welchem Wege sie so schnell meinen neuen Namen erfahren hätte. Indessen wird sich auch Prof. Koch gemeldet und Euch von der Feier erzählt haben. Aber es kann doch keine Schilderung wiedergeben, wie schön es war. Wir bekommen immer noch Dankbriefe von Gästen, die einen ganz tiefen Eindruck mitgenommen haben. Ich denke es wird Dir lieb sein, wenn ich Dir die Aufnahmen schicke, die unser P. Provinzial gemacht hat. Es gibt eine noch nettere, die Hede Spiegel gemacht hat (mit herabgelassenem Schleier, wie es eigentlich gehört), eben davon haben wir vorläufig nur einen Abzug bekommen.

Ich habe Prof. Koch auch gesagt, daß es jetzt nicht die richtige Zeit für einen Besuch bei Mama sei. Es tut mir nur immer so leid, daß Ihr es jetzt sicher sehr schwer habt. Mutter hat doch sicherlich neue Hoffnungen geschöpft, denn sie schreibt wieder – nach Wochen langer Pause – und zwar jedesmal eine kleine Attacke. So spricht sie doch sicher auch mit Euch, und dann müßt Ihr verbergen, was Ihr wißt. Es ist auch für mich traurig zu sehen, was für ein Zerrbild sie sich zurecht gemacht hat, – nicht nur von unserem Glauben und vom Ordensleben, sondern auch von meinen persönlichen Motiven – und daran nichts ändern zu können. Aber ich weiß, daß jedes Wort umsonst wäre und sie unnütz aufregen würde.
Bitte, erzähle doch manchmal den beiden Familien Stein, was Du von mir hörst; sie bekommen doch wohl die Briefe nicht zu sehen und sind gar nicht im Bilde, und ich kann unmöglich an alle schreiben. Wenn Du Frau Platau zum Geburtstag gratulierst, dann nimm auch von mir viele Grüße und herzliche Glückwünsche mit. Was Du ihr erzählst, gibt sie sicher an Lilli weiter; auch ihr gratuliere, bitte, in meinem Namen mit. Und wenn Dir mal wieder etwas recht schwer ist, dann benutze die stille Sprechstunde, um mir zu schreiben. Ich freue mich immer, wenn etwas kommt.
Für die Adresse werdet Ihr Euch wohl allmählich an meinen neuen Namen gewöhnen (Teresia Benedicta a Cruce, O.C.D. – d. h. Ordinis Carmelitarum Discalceatarum). Wenn Ihr sonst lieber den alten gebraucht, so versteht man das gut und nimmt es nicht übel. Ihr werdet aber auch mir nicht böse sein, wenn ich mich nun so unterzeichne, wie mich meine Mitschwestern nennen.

In herzlicher Liebe Eure Schwester Benedicta

Aus: Brief an Erna Biberstein vom 4. 6. 1934 aus Köln

13 Schmerzliche Trennung

Der Messiasglaube ist bei den heutigen Juden, auch bei den gläubigen, fast verschwunden. Und fast ebenso der Glaube an ein ewiges Leben. Darum habe ich meiner Mutter weder die Konversion noch den Eintritt in den Orden je verständlich machen können. Und darum leidet sie jetzt natürlich wieder schwer unter der Trennung, ohne daß ich ihr etwas Tröstliches sagen kann. Ich muß ihr schreiben, aber ich darf nichts Wesentliches aussprechen. Ich kann nur darauf bauen, daß sie ihr Leben lang ein kindliches Gottvertrauen hatte und daß es ein Opferleben war. Und vielleicht wird gerade die Trennung von ihrem jüngsten Kind, das sie immer besonders geliebt hat, und die kleinen Hinweise, die ich doch manchmal gewagt habe, in der Tiefe der Seele Auseinandersetzungen bewirken, von denen nichts nach außen dringt. Spem suam Deo committere (Seine Hoffnung auf Gott setzen, Benediktusregel 4,41), sagt der hl. Vater Benediktus. [. . .]

[Meine Mutter] hat »ihren« lieben Gott (wie sie oft mit Nachdruck sagte) wirklich lieb gehabt und im Vertrauen auf Ihn viel Schweres getragen und viel Gutes getan. Ich denke auch, daß die letzten Monate, in denen ihr Leben schon immer in Gefahr war, eine besondere Gnadenfrist waren, vor allem die letzte Zeit, seit sie sich gar nicht mehr um das äußere Leben kümmert, und niemand mehr weiß, was in der Seele vorgeht, als allein der Herr.

Jenes Wort aus dem Römerbrief (8,28) war mein großer Trost und meine Freude im Sommer 1933 in Münster, als meine Zukunft noch völlig dunkel war. Ich habe die vielen Martyreroffizien der österlichen Zeit, in denen es ja so oft vorkommt, nie so von Herzen gebetet wie damals. Es muß auch jetzt meine Stütze sein. Meine Mutter war das starke Band, das die Familie zusammenhielt, jetzt schon vier Generationen. Jetzt hält noch die Sorge um sie alle gefesselt, selbst die Enkel, die in fremden Erdteilen sind. Was dann kommt, wird für die Zurückbleibenden noch schwerer sein. Ich werde mein ganzes Leben hindurch für sie einstehen müssen zusammen mit meiner Schwester Rosa, die im Glauben mit mir eins ist.

Aus: Briefe an Mater Petra Brüning OSU vom 19. 7. und 13. 9. 1936 aus Köln

II Untilgbarer Wert der Familie

Natürlich, herzlich und ungezwungen war die Art, wie Edith Stein mit ihren Angehörigen umging und von ihnen erzählte. In der geräumigen Eingangshalle des Elternhauses wurde ich einmal Zeuge der frohen Zärtlichkeit, mit der sie an den Kindern ihrer Schwester Erna hing. Diese war Frauenärztin. Wohnung und Praxis lagen im ersten Stock des elterlichen Hauses. Als ich mich gerade verabschiedete und Edith Stein mich zur Haustür begleitete, sprang der Neffe, ein Schulknabe von etwa acht Jahren, die Treppe herunter in die offenen Arme seiner Tante Edith, die ihn mit herzlichem Kuß empfing. Dann stellte sie den Kleinen scherzend als Herrn Biberstein vor, nicht ohne auch ihm meinen Namen zu nennen. Edith Steins Freundin Maria Bienias

Unter den eingelieferten Gefangenen fiel Edith Stein auf durch ihre Ruhe und Gelassenheit. Der Jammer im Lager und die Aufregung bei den neu Eingetroffenen waren unbeschreiblich. Edith Stein ging unter den Frauen umher, tröstend, helfend, beruhigend wie ein Engel. Viele Mütter, fast dem Wahnsinn nahe, hatte sich schon tagelang nicht um ihre Kinder gekümmert und brüteten in dumpfer Verzweiflung vor sich hin. Edith Stein nahm sich sofort der armen Kleinen an, wusch und kämmte sie, sorgte für Nahrung und Pflege. Kaufmann Marcan aus Köln

14 Die Verbindung mit der Welt nicht durchschneiden

In der Zeit unmittelbar vor und noch eine ganze Weile nach meiner Konversion nämlich habe ich gemeint, ein religiöses Leben führen heiße, alles Irdische aufgeben und nur in Gedanken an göttliche Dinge leben.
Allmählich habe ich einsehen gelernt, daß in dieser Welt anderes

1921, mit einem Sohn ihres Vetters Richard Courant

von uns verlangt wird und daß selbst im beschaulichsten Leben die Verbindung mit der Welt nicht durchschnitten werden darf. Ich glaube sogar: je tiefer jemand in Gott hineingezogen wird, desto mehr muß er auch in diesem Sinn »aus sich herausgehen«, d. h. in die Welt hinein, um das göttliche Leben in sie hineinzutragen.

Aus: Brief an Sr. Callista Kopf OP vom 12. 2. 1928 aus St. Magdalena/ Speyer

15 Auf der Suche nach dem Mitmenschen

Ich war an gar keinen Tadel mehr gewöhnt. Zu Hause wagte mir kaum noch jemand etwas zu sagen; meine Freundinnen hingen mit Liebe und Bewunderung an mir. So lebte ich in der naiven Selbsttäuschung, daß alles an mir recht sei: wie es bei ungläubigen Menschen mit einem hochgespannten ethischen Idealismus häufig ist. Weil man für das Gute begeistert ist, glaubt man selbst gut zu sein. Ich hatte es auch immer als mein gutes Recht angesehen, auf alles Negative, was mir auffiel, auf Schwächen, Irrtümer, Fehler anderer Menschen, schonungslos den Finger zu legen, oft in spottendem und ironischem Ton. Es gab Leute, die mich »entzückend boshaft« fanden. [. . .]

Ich hatte meine Einstellung zu den Menschen und zu mir selbst völlig geändert. Es kam mir nicht mehr darauf an, Recht zu behalten und den Gegner unter allen Umständen »unterzukriegen«. Und wenn ich noch immer einen scharfen Blick für die Schwächen der Menschen hatte, so benützte ich das nicht mehr, um sie an ihrer empfindlichsten Stelle zu treffen, sondern um sie zu schonen. Auch die erzieherische Einstellung, die ich wohl immer noch hatte, hinderte mich daran nicht. Ich hatte es gelernt, daß man Menschen nur sehr selten bessert, indem man ihnen »die Wahrheit sagt«: das kann nur dann helfen, wenn sie selbst das ernste Verlangen haben, besser zu werden, und wenn sie einem das Recht zur Kritik einräumen. [. . .]

Bei aller Hingabe an die Arbeit trug ich doch die Hoffnung auf eine große Liebe und glückliche Ehe im Herzen. Ohne irgendwelche Kenntnisse von katholischer Glaubens- und Sittenlehre zu haben, war ich doch ganz vom katholischen Eheideal erfüllt. Es kam vor, daß mir unter den jungen Menschen, mit denen ich zusammenkam, einer sehr gut gefiel und daß ich ihn mir als den künftigen Lebensgefährten dachte. Aber davon merkte kaum jemand etwas, und so mochte ich den meisten Menschen als kühl und unnahbar erscheinen. [. . .] Ich befand mich in einer inneren

Krisis, die meinen Angehörigen verborgen war und die in unserm Hause nicht gelöst werden konnte. [. . .]
Ich war nach der ersten Begegnung mit Adolf Reinach sehr glücklich und von einer tiefen Dankbarkeit erfüllt. Es war mir, als sei mir noch nie ein Mensch mit einer so reinen Herzensgüte entgegengekommen. Daß die nächsten Angehörigen und Freunde, die einen jahrelang kennen, einem Liebe erweisen, schien mir selbstverständlich. Aber hier lag etwas ganz anderes vor. Es war wie ein erster Blick in eine ganz neue Welt.

Aus: Aus dem Leben einer jüdischen Familie (1933–1935)

16 Doppelbelastung der Frau

Viele von den Besten sind fast erdrückt unter der Doppellast von Berufs- oder oft nur Erwerbsarbeit und Familienpflichten; immer in Aktion, abgehetzt, nervös, gereizt: wo sollen sie die innere Ruhe und Heiterkeit hernehmen, um andern Halt, Stütze, Führung zu bieten? Täglich kleine Reibungen im Verkehr mit Mann und Kindern, auch bei großer, gegenseitiger Liebe und Anerkennung der Leistungen, Unbehagen im ganzen Hause, Lockerung der häuslichen Gemeinschaft: sind die Folge. Daneben die vielen Oberflächlichen und Haltlosen, die dem Genuß nachjagen, um die innere Leere auszufüllen, Ehen schließen und lösen, Haushalt und Kinder sich selber oder fremden Dienstboten überlassen, die nicht gewissenhafter sind als sie; wenn sie zur Erwerbstätigkeit genötigt sind, sie nur als Mittel zum Zweck, d. h. zum Unterhalt und möglichst ausgiebigen Lebensgenuß verrichten: bei ihnen kann weder von Beruf noch von Ethos die Rede sein. Sie sind wie Flugsand, der sich treiben läßt.

Aus: Die Frau (1928–1932)

17 Freude am Leben, oder: Warum heiraten*

Meine liebe Erna, es scheint mir jetzt manchmal, als ob Ihr mich alle gewaltig überschätztet und ich fühle mich recht beschämt dadurch. Ich bin ja durchaus keine Heilige und habe ebensogut meine schwachen Stunden, wie jeder andere. Übrigens glaube ich, daß es auch für einen Heiligen nicht erforderlich ist, allen Wünschen und Hoffnungen und allen Freuden der Welt zu entsagen. Im Gegenteil: man ist auf der Welt, um zu leben, und soll alles Schöne, was es gibt, dankbar hinnehmen. Man soll nur nicht verzweifeln, wenn es anders geht, als man sich's gedacht hat. Man soll dann an das denken, was einem noch bleibt, und auch daran, daß man hier doch schließlich bloß zu Besuch ist und daß alles, was einem jetzt so schrecklich bedrückt, am Ende gar nicht so wichtig ist oder doch eine ganz andere Bedeutung hat als man jetzt erkennen kann.

Wenn Du jetzt keinen Urlaub bekommst, mußt Du dann ganz bestimmt zu mir kommen. – Ich muß gestehen, daß mir Hansens Argumente noch immer nicht einleuchten. Ich kann gar nicht sehen, was an seiner pekuniären Lage und an seinen sonstigen Plänen geändert würde, wenn Ihr verheiratet wärt. Er brauchte doch für Dich ebenso wenig zu sorgen wie bisher und brauchte andererseits auch von Dir nichts anzunehmen. Ich sehe nur den einen, einzigen Unterschied, daß Ihr dann während seines Urlaubs immer frei und ungehindert zusammen leben könntet. Das sind freilich Bohême-Ansichten und vom Standpunkt bürgerlich – wohlgeordneter Verhältnisse ganz horribel. Mich würde der Geldpunkt niemals am Heiraten hindern, aber ich kann's immerhin verstehen, wenn man darin anders denkt. Was aber gegen die Verlobung zu sagen ist, das weiß ich wirklich nicht. Wenn es eine Äußerlichkeit ist, so ist es das Nicht-Verlobtsein ebenso gut, und es kommt gar nicht darauf an, wofür man sich entscheidet. Sobald aber ein Teil darunter leidet, ist es eben keine Äußerlichkeit mehr, und ich kann nur ein eigensinniges Beharren auf einem hinfälliggewordenen Vorsatz darin sehen. Ich habe nur ein Bedenken: Es scheint mir, daß Du Hans zu nichts drängen darfst,

daß er nichts Dir zu Gefallen tun soll, was er nicht aus eigener Überzeugung tun kann. Darum finde ich es auch nicht gut, wenn ein Dritter mit ihm über die Sache spricht. Ob Du ihm meinen Brief zeigen willst, das überlasse ich Dir.
Eigentlich sollte Erika schon hier sein. Aber an ihrer Stelle kam Sonntag ein Brief, in dem sie mich aus verschiedenen Gründen bat, zu ihr nach Göttingen zu kommen. Da ich von Rose noch keinen klaren Bescheid hatte, konnte ich keinen Entschluß fassen. Nun wird es wahrscheinlich noch einen lebhaften Depeschenwechsel geben, ehe es sich entscheidet. Lieber wäre es mir, wenn sie herkäme. Denn so gern ich auch mit Reinachs und mit Hering zusammen wäre (der auch zu den Ferien hinkommt), so liegt mir doch jetzt vor allem daran, mit ihr Reinachs Arbeiten durchzusprechen, und das können wir hier in größerer Ruhe. Wenn sie aber nicht kommen kann – ihr Bruder wird auf Urlaub erwartet und sie will eventuell noch zwischendurch auf ein paar Tage zurück nach Schwerin – dann müßte ich doch hinfahren. Wahrscheinlich dann am Freitag. Donnerstag ist Semesterschluß.
Viele Grüße und Küsse – Edith

Aus: Brief an Erna Stein (später Biberstein) vom 29. 7. 1918 aus Freiburg

18 Willkommensgruß*

Meine liebe Erna, einen schönen Willkommengruß muß ich Dir doch gleich heute noch schicken. Hoffentlich kommst Du heil und ganz und rechtzeitig an und brauchst Dich nicht gleich zu sehr anzustrengen. Frau Keller empfing mich heute, als ich von der Bahn kam, noch mit einem Tässle Kaffee und mit einer Kostprobe von dem Kuchen, der indessen abgekühlt war und herrlich schmeckte. Hatte Deiner sehr gelitten? Denk daran, daß man mir jetzt *viele* Briefe schreiben muß!
Viele herzliche Grüße und Küsse – Deine Edith

Aus: Brief an Erna Stein (später Biberstein) vom 6. 9. 1918 aus Freiburg

19 Schade, daß Du nicht dabei bist*

Mein geliebter Hans!
[. . .] Wir haben schon einen schönen Stundenplan gemacht: früh wird geschlafen, dann arbeitet Edith, und ich darf lesen und schreiben hier auf dem Balkon oder auch irgendwo im Walde. Nachmittags wollen wir immer gemeinsam bei schönem Wetter spazieren gehen, sonst hier lesen. Edith soll mich auch endlich in die Phänomenologie einführen, es ist doch eine Schande, daß ich als ihre Schwester nichts davon verstehe. Sie meint, ich sei sicher nicht zu dumm dazu. [. . .] Erna Stein

Lieber Hans, natürlich freue ich mich sehr, Erna hier zu haben. Schade daß Du nicht wenigstens einen Tag mal dabei sein kannst. Ich weiß, daß Du eigentlich seit ewigen Zeiten einen Brief von mir zu beanspruchen hast. Ich dachte im stillen, Du würdest nach dem Breslauer Aufenthalt meine Briefe an Erna als Antwort rechnen.
Recht herzliche Grüße, Edith

Aus: Brief an Hans Biberstein (späteren Mann von Erna Stein) vom 7. 9. 1918 aus Freiburg

20 Krambambuli und Gaudeamus*

Storch mit 2 Babies

Storch
Kommt nur hervor, Ihr beiden Wichte.
Da hab' ich Euch endlich am Tageslichte.
Jetzt hilft kein Quäken und kein Schrein:
Eins von Euch muß nun ins Leben hinein.

1. Baby
Wir spielten so schön auf dem Teichesgrund,
Ich wurde dabei so kugelrund.
Was zerrst Du uns denn von hier fort?

Storch
Hier ist kein dauernder Aufenthaltsort,
Hier ist nur ein Rekruten Depot
Und dann geht es nach anderswo.
In den Kampf des Daseins muß ich Euch leiten
Und darauf müßt Ihr Euch vorbereiten.

2. Baby
Sie kommen uns einfach abzuholen
Und fragen uns gar nicht, ob wir wollen.
Ich bin im Zentral-Baby-Rat
Und weiß, was man für Rechte hat.
Ich fordre Sie auf, uns zu erklären:
Wer wird uns denn dort oben ernähren?

1. Baby
Das ist das Wichtigste, in der Tat.
Wird man denn dort auch richtig satt?

Storch
Nein, hat man so was schon vernommen!
Das ist mir doch noch nicht vorgekommen,
So lange ich mein Amt versehe,
Daß ich Euch nicht den Hals umdrehe!
Doch ist es wohl besser, sie zu belehren.
Also, wer Euch dort oben wird ernähren?
Ihr Kröten, wenn ich Euch oben hab,
Dann liefre ich Euch Euren Eltern ab.
Die sorgen aufs beste für Trank und Speise.

2. Baby
Mein Lieber, wo sind dafür die *Beweise?*
Sie können uns gar viel erzählen,
Wir aber woll'n unsere Eltern *wählen.*

Storch
Das ist ja offene Rebellion!
Doch kommt man im Guten am besten davon.
Ihr werdet durch mein Fernglas jetzt schauen
Auf der Erde ein Paar, das sich heute ließ trauen.
Dem hab ich eins von Euch zugedacht.
Nun guckt hinein und gebt gut acht.

1. Baby
Ich sehe ein Zimmer mit vielen Leuten.
Das soll wohl eine Hochzeit bedeuten.

2. Baby
Gib her das Glas und laß mich sehn.
Nun, ich muß sagen – die Braut ist schön.
Auch der Bräut'gam gefällt mir von Ansehn nicht schlecht.

Storch
Nun, siehst Du, so kommen wir schon zurecht.

2. Baby
Wart ab! Uns genügt nicht der äußere Schein.
Gar manches muß erst geprüft noch sein.

1. Baby
Sollt' ich mich für diese als Eltern entscheiden,
So fragt sich's: Wie stehn sie zu Süßigkeiten?

Storch
Da sei nur beruhigt – im ganzen Land
Sind beide als Leckermäuler bekannt.
Klein-Erna, die heute hier sitzt als Braut,
Ward ein großer Apfel einst anvertraut.
Die Mutter sprach: Wenn die Großen kommen,
Dann wird er zur Teilung vorgenommen.
Doch als aus der Schule sie kamen – o Graus,
Wie sah da der schöne Apfel aus!
Sie bohrte mit dem Fingerlein
Zuerst ein kleines Löchelein,

Zuletzt blieb nur eine dünne Wand,
Doch innen war's hohl wie ausgebrannt.

2. Baby
Und damit woll'n Sie uns betören?
Das macht Ihrem Scharfsinn wenig Ehren.
Wenn meine Mutter so voll Gier,
Mein bester Herr, was bleibt dann mir?

Storch
Gemach, gemach vor allen Dingen.
Sie konnte sich doch allmählich bezwingen.
Und als der Hans in spätern Zeiten,
Zu oft zum Naschen sie wollt' verleiten,
Da hat sie einen Schwur getan:
»Ich rühr kein gekauftes Konfekt mehr an.
Ich nehme von Ihnen auch keines geschenkt.«
Da hat er's im Zorn in die Oder versenkt.

2. Baby
So, so – da gilt's weiter nachzuspüren.
Das sind ja die reinen Tyrannen-Allüren.
Ein Frauenfeind ist, wie es scheint, dieser Mann.
Und den bieten mir Sie als Vater an?

Storch
Du ganz verteufelter Widerspruchsgeist,
Da bist Du im Irrtum, daß Du's weißt.
Umschwärmt war er stets vom schönen Geschlecht
Und fühlte sich behaglich recht,
Nur, wenn er Hahn im Korbe war.

2. Baby
Das ist ein schöner Ruhm fürwahr!
Das ist in meinen Augen noch schlechter
Als wie ein richtiger Frauenverächter.
Doch wollte ich wissen, verstehen Sie doch schon! –
Wie steht er zur Frauenemanzipation?

Storch
Als Füchslein meint er, studierende Frauen,
Die wären fürchterlich anzuschauen,
Alt, häßlich und von wüsten Sitten.
Doch als er zur Matrikel geschritten,
Da hat Erfahrung ihn belehrt,
Daß diese Ansicht ganz verkehrt.
Es stand vor ihm ein Mägdelein
Und schrieb sich in das Stammbuch ein.
Da konnt' er's klar und deutlich lesen,
Daß sie 2 Monate jünger als er gewesen.
Und gefallen tat sie ihm über die Maßen.
Da hat er sein Vorurteil fahren lassen
Und trat in den Frauen-Stimmrechts-Verein
Noch in dem selbigen Jahre ein.

1. Baby
So hat die Braut also auch studiert.
Ich muß gestehn, daß mich das geniert.
Wie steht's denn da mit der Wirtschaftlichkeit?
Hat sie zum Kochen auch noch Zeit?

Storch
Sie ist darin nicht sehr erfahren,
Doch hat sie in den letzten Jahren
Die karg bemessene Mußezeit
Stets diesem hohen Zweck geweiht.
Sie bäckt Dir Keks so wunderschön,
Daß auf der Zunge sie zergehn.

2. Baby
Das Essen kümmert mich nicht sehr,
Doch fällt mir's auf die Seele schwer,
Ob nicht das Leben auf der Erde,
uns gar gesundheitsschädlich werde.
Von Krankheit hörte ich berichten
Ganz wüste, grauliche Geschichten.

Es wär' – ich grauh' mich fast zu Tode –
Die Krätze oben große Mode.

Storch
Wer diese Eltern sich erwählt,
Der wird von Krankheit nicht gequält.
Der Hautarzt Dr. Biberstein
Bewahrt Dich blütenweiß und rein.

1. Baby
Der Weg des Lebens – hört ich sagen –
Der wär' so schlecht schon zu vertragen.
Man käm' halbtot mitunter an.

Storch
Ja, mancher ist wohl übel dran.
Doch wer sich unsrer holden Braut
Zum Weg ins Leben anvertraut,
Ist vor Gefahren ganz geborgen
Und braucht um nichts sich mehr zu sorgen.
Denn ihr Beruf ist es ja eben,
Daß ohn' Gefahr für Leib und Leben,
Sie mit Geschick und leichter Hand,
Die Kindlein führ' ins Menschenland.

2. Baby
Das scheint mir vorteilhaft zu sein.
Da fällt mir eben noch was ein.
Den Leib verstehn sie wohl zu pflegen,
Doch ob sie wohl auf rechten Wegen
Der Kinder Seele führen können,
Woll'n dafür Sie Beweise nennen?

Storch
Auch das setzt mich nicht in Verlegenheit.
Es haben beide lange Zeit
Pädagogik und Psychologie
Mit vielem Fleiß und heißer Müh

Unter fachmännischer Leitung getrieben.
Es ist wohl manches hängen geblieben,
Was in dem dicken Neumann drin
Stand von der Nichte von Mies Shinn,
Und auch was Frau Hoesch-Ernst erfahren,
Blieb unvergessen in vielen Jahren.

1. Baby
Nur eines möcht' ich jetzt noch wissen.
Wird man sich denn nicht langweilen müssen
Bei so viel hoher Gelehrsamkeit?

Storch
O nein, mein Sohn, da fehlst Du weit.
Der Onkel Hans mit seinen Geschichten
Ist der Liebling von Neffen und Nichten.
Bei Jung und Alt sind beliebt und bekannt
Die Gedichte aus seinem Heimatland.
Und willst Du mal ein Tänzchen wagen,
So brauchst Du's nur Deinem Papa zu sagen.
Noch heute schlägt er, wenn's ihm gefällt,
Jeden Salonlöwen aus dem Feld –.
Die Frau Mama spielt dazu auf,
Und ist vorbei des Tages Lauf,
So singt das müde Kindelein
Mit Brahms und Reger sie lieblich ein.

2. Baby
Wie aber ist's mit dem Sommer bestellt?
Zieht man hinaus in Wald und Feld?

Storch
Im Sommer geht's mit Mann und Maus
Ins schöne Schlesierland hinaus.
Man wandelt Arm in Arm geschlungen
In die Stätten voll zarter Erinnerungen.
Sucht wieder auf den Aupastrand,
Wo das Haus mit den vielen Fräuleins stand,

Wo schmetternd man die Dorfstraße lang
Krambambuli und Gaudeamus sang.
In Mittelwalde kehrt man ein
In dem verschwiegenen Kämmerlein,
Wo vier Mädchen und ein Mann dazu,
Einst pflegten nach langer Wandrung Ruh,
Auf zwei Betten und ein Sofa verteilt,
In drangvoller Enge eingekeilt.
So durch das Beispiel der eignen Tugend,
Erbaut und belehrt man die ehrfürcht'ge Jugend.

2. Baby
Wir wollen Sie nicht länger plagen.
Ich wenigstens kann von mir sagen,
Ich kam schon längst zu dem Beschluß,
Daß man das Paar hier wählen muß.

1. Baby
Ich stimme mit Dir überein.
Wir wandern in die Welt zu zwein.

Storch
Halt, halt, so war es nicht gemeint,
Ihr wart hier unten nur vereint,
Jetzt aber schlägt der Trennung Stunde.
Eins bleibt hier unten auf dem Grunde,
Das andere macht sich auf die Fahrt.

2. Baby
O nein, dies bleibe uns erspart!
Wir lassen uns durch Sie nicht scheiden
Und teilen treulich Freud und Leiden.

Storch
So geht zu den von Euch Erwählten
Und fraget an die Neuvermählten,
Ob sie denn ihrerseits bereit,
Euch aufzunehmen so zu zweit.

1. und 2. Baby
Wir wünschen Euch mit frohem Mute
Für Eure Zukunft alles Gute,
Und bitten uns in Euerm Haus
Das allerschönste Plätzchen aus.

Aus: Ein Ständchen zur Hochzeit von Erna und Hans Biberstein 1920

21 Ehe – kein wolkenloser Himmel

Ihr großes Anliegen habe ich gleich in mein tägliches Memento hineingenommen. Ich sehe es gar nicht als ein weltliches an. Die Ehe ist ja ein Sakrament, und eine rechte christliche Ehe, wie es die Ihre doch werden soll, ist ein Anliegen der hl. Kirche. Ich freue mich herzlich mit Ihnen und bin überzeugt, daß dies die richtige Lösung für Sie ist.
Nun möchte ich Ihnen nur noch als wichtigste Ehevorbereitung dringend ans Herz legen, daß Sie alles Ihnen Mögliche für Ihre Gesundheit tun, nicht nur essen und schlafen, sondern auch sonst für Ruhe und Entspannung der Nerven sorgen [. . .]
Weshalb ich Ihnen bald schreiben wollte, das waren die Besorgnisse, die Ihnen die künftige Ehe einflößte. Ich bin sicher, daß der Himmel nicht immer wolkenlos sein wird. Wir sind Menschen mit Schwächen und Fehlern, die sich bei gutem Willen im Zusammenleben allmählich abschleifen, aber nicht ohne Schmerzen auf beiden Seiten. Natürlich möchten Sie Ihrem Verlobten gern alles Unangenehme und Schmerzliche ersparen. Aber Sie wissen ja, daß kein Mensch ohne Schmerzen reifen und innerlich vorwärts kommen kann.
Von diesem Gesetz kann man auch die nicht befreien, die man am meisten liebt. Eine starke Liebe wird es sich selbst zutrauen, daß sie kleine und große Stürme überstehen kann.

Aus einem unveröffentlichten Brief an eine junge Frau, vom 5. 2. 1936 aus Köln

22 Elternhaus und Bildung

Wenn das Elternhaus das ist, was es sein soll: eine Heimstätte, in der die Kinder unter der verantwortungsbewußten Obhut beider Eltern heranwachsen, in einem Geschwisterkreis und in einer Umgebung, die den körperlichen und seelischen Bedürfnissen des Kindes und des heranwachsenden Menschen angepaßt ist, dann wird ihm in der Hauptsache das zufallen, was wir als Bildung des Menschen durch Menschen kennengelernt haben: das stille und stetige, organische, der inneren Gesetzlichkeit treue Heranwachsen unter dem teils unbewußt wirkenden, teils bewußt führenden und formenden Einfluß der Umgebung.

Wenn im Elternhaus verstehend oder gar schöpferisch am Kulturleben Anteil genommen wird, so erfährt das Kind auch hier bereits Formung durch Bildungsgüter. Und das unwillkürliche Hineinwachsen in die Welt des objektiven Geistes ist auch etwas, was durch systematischen Unterricht kaum zu ersetzen ist. Immerhin bleibt es in der Familie untergeordneter Zweck, während für die Schule die Bildung durch Kulturgüter erster und wesentlicher Zweck ist. Da andererseits die Bildung durch Kulturgüter durch Menschen vermittelt werden muß, die Schule bildsame junge Menschen dem täglichen Einfluß Erwachsener aussetzt, ist eine unmittelbare Bildungswirkung, ein Geformtwerden durch diese Menschen, unvermeidlich. Das macht es notwendig, daß der Lehrer zugleich verantwortungsbewußter Erzieher sein muß.

Die heutige Auffassung, die als *ersten* Zweck der Schule die Erziehung ansieht, ist als *prinzipielle* nur gerechtfertigt, sofern alle Bildungsarbeit, auch die durch objektive Gebilde vermittelte, auf die Formung der Persönlichkeit abzielt und der gesamte Unterricht diesem Ziel entsprechend aufgebaut sein muß.

Aus: Die Frau (1928–1932)

23 Gefährliche Ahnungslosigkeit von der Welt

Gewiß sollen die Kinder aus den klösterlichen Erziehungsanstalten die Kraft mitbekommen, das Leben im Geist Christi zu gestalten. Und das Wichtigste ist sicher, daß die Lehrerinnen diesen Geist wirklich in sich haben und lebendig verkörpern. Aber daneben ist es auch eine Aufgabe, das Leben zu kennen, in das die Kinder hineingehen müssen. Sonst ist die Gefahr groß, daß die Mädchen sich sagen: die Schwestern haben keine Ahnung von der Welt, sie haben uns auf die Fragen, die wir jetzt zu lösen haben, nicht vorbereiten können. Und daß dann alles als unbrauchbar über Bord geworfen wird.

Aus: Brief an Sr. Callista Kopf OP vom 20. 10. 1932 aus St. Magdalena

24 Schade, daß ich Euch alle nicht einladen kann*

Lieber Wolfgang, zu Deinem Geburtstag gratuliere ich Dir herzlich. Ich schicke Dir ein Buch mit Geschichten aus der Pfalz, damit Ihr sehen könnt, in was für einem Lande ich bin. Schade, daß ich Euch nicht alle einmal für einen Tag hier in den Garten einladen kann, das würde Euch gefallen. Grüße deine Eltern und alle Kinder und auch alle andern Lieben im Hause.
Dir einen herzlichen Gruß und Kuß von Deiner Tante Edith

Aus: Brief an den Neffen Wolfgang Stein vom 19. 6. 1921 aus Bergzabern

25 Herzliche Glückwünsche*

Lieber Hans, recht herzliche Glückwünsche zu Deinem Geburtstag. Diese schöne Karte hat mir Hering kürzlich zum 2. X. verliehen und ich überlegte, wer wohl würdig sei, nun meiner-

seits damit ausgezeichnet zu werden. Ich hoffe Du wirst genügend Sinn für ihre Schönheit haben.
Viele herzliche Grüße an Euch alle, Deine Edith

Aus: Brief an Hans Biberstein vom 1. 12. 1928 aus St. Magdelena

26 Vielerwarteter Besuch im Kloster*

(Von Großmutter nicht gelesen, da sie von diesem Abstecher nichts wissen soll.)
Meine Lieben, viel Zeit habe ich nicht, aber wenigstens ein paar Zeilen will ich schreiben. Ruth will Lotte abholen. Sie war sogar in ihrem Eifer Mittwoch schon einmal zur Bahn, obgleich sie Arnos Karte mit den genauen Angaben gelesen hatte. Es ist ihr aber nicht zu viel, den Morgenausflug noch einmal zu machen. Sie fragte, ob sie Lottes Gepäck am Bahnhof bewachen und ihr dadurch Zeit und Mühe sparen sollte. Ich denke, Lotte wird es lieber sein, wenn sie mit ihr hierher kommt und sie wieder zurück begleitet. Sollte es aber anders sein, so kann sie es ja Ruth noch am Bahnhof sagen. Damit sie sich ja nicht verfehlen, werde ich eine genaue Personalbeschreibung von Lotte geben, und Else kann ja auch Ruth deutlich beschreiben. Des Gepäcks wegen wird es am besten sein, wenn Ruth an den Zug hinauf geht. Wo er ankommt, hat sie ja wohl neulich schon festgestellt. So hoffe ich, daß nun doch alles gut klappen wird, und freue mich auf Lotte und die Grüße, die sie bringen wird. Die Zeit wird nur zu knapp sein, um alles zu erzählen, was ich gern hören möchte. Dir, liebe Else, danke ich für Deine Karte und bitte Dich, bald wieder zu schreiben. Wir freuen uns, daß alles offenbar gut angekommen ist und Dir gefällt.
Euch allen, besonders Dir, geliebte Mutter, herzliche Grüße, Eure Edith.
Viele herzliche Grüße und Gute Besserung! Ihre Schwester Therese [Renata Posselt]

Aus: Brief an die Familie vom 2. 7. 1936 aus Köln

27 Was soll aus ihnen werden*

Lieber Hans, es war mir eine freudige Überraschung, einen Brief von Dir zu bekommen, und eine Erinnerung an vergangene Zeiten. Erst sehr spät kam mir die Erleuchtung, daß es ein Geburtstagsbrief sein sollte, denn dieser Tag hat bei uns sehr wenig Bedeutung. Die Geschwister finden sich aber immer dann alle ein. Am 14. ist Arno zu einem kurzen Abschiedsbesuch hier gewesen. Vielleicht hast Du ihn indessen gesprochen. Ich hoffe, daß die Seereise ihm gut getan hat. Er war noch sehr mitgenommen von den letzten Wochen zu Hause, freilich auch mit freudiger Erwartung des Wiedersehens. Mag sein, daß er nun schon einige Enttäuschungen hinter sich hat. Ich verspreche mir für ihn nur von Wolfgang etwas. Wenn der einmal dahin gelangte, selbständig wirtschaften zu dürfen, wird er seine Hilfe brauchen können.

Daß Du es jetzt schwer hast, eine neue Existenz zu erkämpfen, ist mir klar. Ich kann mir auch gut vorstellen, da ich Dich doch von dieser Seite kenne, wie sehr Du unter der Trennung von Erna und den Kindern leidest. Aber ich bin zuversichtlich, daß beides doch nur ein hoffentlich nicht zu langer Übergang ist. Ich bin fest überzeugt, daß Du Dich durchsetzen wirst. Dann können auch die Kinder wieder dem zugeführt werden, was ihrer Begabung entspricht. Fürs Erste ist es sicher gut, wenn sie etwas sprachlich durchgebildet werden. Studienräte und Professoren mögen über die nicht abgeschlossene Schulbildung trauern. Aber so etwas fällt doch heute nicht ins Gewicht. Ich meine, das gehört auch zu den Dingen, in denen wir umlernen müssen. Daß wir vieles verkehrt gedacht und gemacht haben, können wir täglich feststellen, wenn wir uns darüber erforschen. Es ist sehr nützlich, das zu tun. Es stößt uns doch mit der Nase darauf, daß wir uns auf uns selbst nicht verlassen können und verlassen wären, wenn nicht einer für uns sorgte, der klarer und weiter sieht als wir.

Mein alter Freund Hans Lipps ist Professor in Frankfurt. Für ihn bestand kein Grund zur Auswanderung. In Göttingen sind kaum noch Menschen, die ich gekannt habe. Um auf die Familie

zurückzukommen: am Schwersten finde ich gegenwärtig die Lage für Frieda und Rosa. Es ist wirklich nicht abzusehen, wie sie mit der Abwicklung der Geschäfte fertig werden sollen. Es ist sachlich sehr schwierig, und dazu scheinen mir beide schon sehr abgekämpft zu sein. Und was soll dann aus ihnen werden? Ich wäre froh, wenn Rosa sich Weihnachten ein paar Tage freimachen und herkommen könnte. Dann könnte man wenigstens mal alle Möglichkeiten durchsprechen. Sie schreibt ziemlich oft, und ich darf in Anbetracht der Lage auch viel häufiger schreiben. Aber das ist doch nur ein schwacher Ersatz.
Ich darf Dir wohl ein Briefchen für Lotte und ihre Eltern einlegen. Irgendwann wirst Du sie ja treffen. Falls ich vor Deinem Geburtstag nicht mehr zum Schreiben komme, sende ich heute schon meine herzlichsten Wünsche mit. Bis zum 4. XII. hoffe ich noch mittelbar oder unmittelbar Gutes von Dir zu hören.
In alter Treue – Deine Edith – Sr. Benedicta

Aus: Brief an Hans Biberstein vom 27. 10. 1938 aus Köln

III Philosophie: Zwischen Begeisterung und Verzweiflung

Edith Stein wirkte auf mich durch ihre Schlichtheit, ihre Natürlichkeit in ihrer äußeren Erscheinung und Gebärde. Im persönlichen Gespräch war sie warm und einem zugewandt, ungezwungen und humorvoll. Ihre schönen, großen, dunklen Augen waren voll innerer Gelassenheit, Liebe und Güte. Vor allem war sie lieb zu Kindern, ihnen schalkhaft zugewandt. Immer hatte sie kleine Geschenke für sie. Im geistigen Austausch war sie voll innerer Spannung, Dynamik und größter Konzentration. Mich beeindruckte vor allem ihre fraulich-mütterliche Art bei so großer Gelehrsamkeit.

Gertrud Vierneisel, Frau von Prof. Dr. Emil Vierneisel

28 Unwissend bleiben

Sie schrieben neulich, mein Gedächtnis müßte mir eine gute Hilfe sein bei der Bewältigung des Tatsachenmaterials. Aber ich habe auch gar keines mehr, um Neues aufzunehmen. Nur persönliche Dinge merke ich mir immer noch, oft besser, als mir lieb ist. Dazu kommt, daß ich Dinge, über die ich noch nicht selbst gearbeitet habe, sehr schwer verstehen kann und darum nicht schnell lesen kann. Ich habe mich längst damit abgefunden, daß ich immer sehr unwissend bleiben werde und daß auch alles, was ich noch arbeiten kann, weit mehr Bruchstück sein wird, als alles Menschenwerk an sich schon sein muß. Ich hoffe nur, daß ich einen Anstoß geben kann in einer Richtung, in der man doch gehen muß, und daß es andere dann besser machen werden. Gerade jetzt, wo ich auf ein Jahr hier am Institut zurücksehen kann und auch für die nächste Zeit den Weg zu sehen glaube, habe ich stark den Eindruck, daß es notwendig Schritt für Schritt so gehen mußte und daß ich mich ruhig weiter der Führung überlassen darf.

Aus: Brief an Hedwig Conrad-Martius, vom 5.4.1933 aus Münster

29 Zwischen Begeisterung und Verzweiflung

Meine philosophische Arbeit war ja bei weitem der größte Berg, den es in diesem Winter zu bewältigen galt. Ihr wurde auch der größte Teil des Tages gewidmet. Meine Tage waren recht lang; ich stand früh um sechs auf und arbeitete bis Mitternacht, fast ohne Unterbrechungen. Da ich meist allein aß, konnte ich auch während der Mahlzeiten nachdenken. Und wenn ich zu Bett ging, legte ich mir Papier und Bleistift auf dem Nachttisch zurecht, damit ich Gedanken, die mir nachts kämen, gleich festhalten könnte. Oft fuhr ich auf, weil mir im Traum etwas eingefallen war, was mir recht gescheit dünkte. Wenn ich es aber im Wachen fassen wollte, blieb mir nichts Greifbares. Auch auf dem Wege zur Universität grübelte ich beständig an meinem Einfühlungsproblem herum. Ich verbrachte oft einen großen Teil des Tages im Philosophischen Seminar, um dort die Werke von Th. Lipps zu studieren. Manchmal ging ich gar nicht zum Mittagessen, sondern nahm mir etwas Backwerk mit, das ich in einer kleinen Arbeitspause verspeiste. Wenn ich zur festgesetzten Zeit von der philosophischen Arbeit zu den andern Fächern überging, hatte ich immer das Gefühl, als ob mein Gehirn sich um 180° herumdrehen müßte. Ich las Buch um Buch, machte große Auszüge, und je mehr Material sich ansammelte, desto wirbliger wurde es in meinem Kopf. [. . .]
Zum erstenmal begegnete mir hier, was ich bei jeder späteren Arbeit wieder erfahren habe: Bücher nützten mir nichts, solange ich mir die fragliche Sache nicht in eigener Arbeit zur Klarheit gebracht hatte. Dieses Ringen nach Klarheit vollzog sich nun in mir unter großen Qualen und ließ mir Tag und Nacht keine Ruhe. Damals habe ich das Schlafen verlernt, und es hat viele Jahre gedauert, bis mir wieder ruhige Nächte geschenkt wurden.
Nach und nach arbeitete ich mich in eine richtige Verzweiflung hinein. Es war zum erstenmal in meinem Leben, daß ich vor etwas stand, was ich nicht mit meinem Willen erzwingen konnte. Ohne daß ich es wußte, hatten sich die Kernsprüche meiner Mutter: »Was man will, das kann man« und »Wie man sich's

vornimmt, so hilft der liebe Gott« ganz tief in mir festgesetzt. Oft hatte ich mich damit gerühmt, daß mein Schädel härter sei als die dicksten Mauern, und nun rannte ich mir die Stirn wund, und die unerbittliche Wand wollte nicht nachgeben. Das brachte mich so weit, daß mir das Leben unerträglich schien. Ich sagte mir oft selbst, daß das ja ganz unsinnig sei. Wenn ich die Doktorarbeit nicht fertig brächte – fürs Staatsexamen würde es doch wohl reichen; und wenn ich keine große Philosophin werden könnte, dann doch vielleicht eine brauchbare Lehrerin. Aber die Vernunftgründe halfen nichts. Ich konnte nicht mehr über die Straße gehen, ohne zu wünschen, daß ein Wagen über mich hinwegführe. Und wenn ich einen Ausflug machte, dann hoffte ich, daß ich abstürzen und nicht lebendig zurückkommen würde. [. . .]

Es ahnte wohl niemand, wie es in mir aussah. In der Philosophischen Gesellschaft und in Reinachs Seminar war ich glücklich bei der gemeinsamen Arbeit; ich fürchtete nur das Ende dieser Stunden, in denen ich mich geborgen fühlte, und den Wiederbeginn meiner einsamen Kämpfe. Einigemal im Semester verlangte Husserl Rechenschaft über den Fortgang meiner Arbeit. Ich mußte dann abends zu ihm kommen. Aber eine Erleichterung brachten diese Gespräche nicht.

Aus: Aus dem Leben einer jüdischen Familie (1933–1935)

30 Rückkehr zur schöpferischen Arbeit

In dieser Zeit, in der so viel Menschliches auf mich eindrang und mich im Innersten traf, nahm ich doch meine ganze Kraft zusammen, um die Arbeit voranzutreiben, die mir nun schon über zwei Jahre als schwere Last auf der Seele lag. Wenn ich in Weißkirchen in dem dicken Stoß von Auszügen und Entwürfen geblättert hatte, war mir immer recht bange geworden. Und der schreckliche Winter 1913/14 war noch unvergessen. Jetzt legte

ich entschlossen alles beiseite, was aus Büchern stammte, und fing ganz von vorn an: eine sachliche Untersuchung des Einfühlungsproblems nach phänomenologischer Methode. O wie anders ging das jetzt als damals! Freilich setzte ich mich jeden Morgen mit Zagen an meinen Schreibtisch. Ich war wie ein winzig kleiner Punkt im unendlichen Raum – würde aus dieser großen Weite etwas zu mir kommen, was ich fassen konnte? Ich legte mich in meinem Stuhl ganz weit hintenüber und richtete mit schmerzhafter Anspannung den Geist auf das, was mir gerade die dringlichste Frage war. Nach einer Weile war es, als ob ein Licht aufginge. Ich konnte zum mindesten die Frage formulieren und fand Wege, ihr zu Leibe zu rücken. Und sobald mir eine Sache klar war, eröffneten sich neue Fragen, nach verschiedenen Seiten (»neue Horizonte«, pflegte Husserl zu sagen). Ich hatte immer neben den schönen Blättern, auf die der laufende Text kam, einen Zettel liegen, um alle die aufsteigenden Fragen zu notieren; sie mußten ja alle an ihrem Ort behandelt werden. Indessen füllte sich Seite um Seite, ich wurde rot und heiß vom Schreiben und ein ungekanntes Glücksgefühl durchströmte mich. Wenn ich zum Mittagessen gerufen wurde, kehrte ich wie aus einer andern Welt zurück. Erschöpft, aber voll Freude ging ich hinunter. Ich war ganz erstaunt, was ich nun alles wußte; Dinge, von denen ich vor ein paar Stunden noch nichts geahnt hatte; und ich war froh über die vielen angesponnenen Fäden, die ich wieder aufgreifen konnte.
Dennoch war es jeden Tag wie ein neues Geschenk, daß es weiterging. Und es ging immer weiter, etwa drei Monate lang in einem Zuge. Dann hatte sich etwas von mir abgelöst und wie zu einem Dasein gerundet.

Aus: Aus dem Leben einer jüdischen Familie (1933–1935)

31 Betrifft die Frage der Habilitation von Frauen*

Historisch-philosophische Abteilung der Philosophischen Fakultät Göttingen

Göttingen, den 29. 10. 1919

Prof. Hermann

Sehr geehrtes Fräulein Doktor! Zu meinem Bedauern habe ich Ihnen mitzuteilen, daß ich auf Grund einer Beratung der Vorkommission nicht in der Lage bin, Ihre Arbeit dem Herrn Referenten zu überweisen. Der Zulassung einer Dame zur Habilitation, begegnet immer noch Schwierigkeiten. Der einzige hier vorgekommene Fall lag völlig anders als bei Ihnen; denn er war als Ausnahmefall von den Fachgelehrten besonders motiviert: sowohl mit den außergewöhnlichen vorausgegangenen Leistungen wie mit dem Lehrbedürfnis. Ich bitte Sie daher, Ihre Schriften und Papiere in meiner nächsten Sprechstunde wieder zu holen.

Hermann

Betrifft die Frage der Habilitation von Frauen an preussischen Universitäten.

An Seine Excellenz, den Herrn Minister für Wissenschaft, Kunst und Völkerbildung.

Euer Excellenz erlaube ich mir folgenden Fall zur prinzipiellen Beurteilung vorzulegen:

Das beigefügte Schreiben erhielt ich als Bescheid auf eine offizielle Meldung zur Habilitation bei der Philosophischen Fakultät in Göttingen (Historisch-Philosophische Abteilung). Der vorausgegangene Fall, auf den das Schreiben sich bezieht, ist die Habilitation der Mathematikerin Fräulein Dr. Nöther. Es wurde mir auch mündlich wiederholt versichert, daß diese nur als Ausnahme zugelassen worden sei, weil die Dame nach dem Urteil der Fachleute »über dem Durchschnitt der Ordinarien stände«; es dürfte daraus kein Präzedenzfall gemacht werden. – Da dieses Verfahren meines Wissens durch die Habilitationsordnung nicht gerechtfertigt ist und außerdem gegen die Reichsver-

fassung verstößt, erlaube ich mir, Euer Excellenz darauf aufmerksam zu machen, in der Hoffnung, daß eine prinzipielle Klärung der Frage erfolgen wird.
Ich ersuche höflichst, mir die Anlage zurückzusenden, nachdem davon Kenntnis genommen ist.
Mit vorzüglicher Hochachtung Euer Excellenz ergebene Dr. Edith Stein

Brief an den Minister für Wissenschaft, Kunst und Völkerbildung vom 12. 12. 1919 aus Breslau

32 »Frau Doktor« ist »jemand«*

Sehr geehrter Herr Professor, die Speyrer Ortsgruppe hat darauf bestanden, daß ich selbst über Salzburg referieren muß. Das steigt am Montag abend. Für Oktober, November und Januar bin ich auch schon anderweitig festgelegt. So müßte ich versuchen Heidelberg im Dezember einzuschieben. Zu dicht aufeinander kann ich diese Extravergnügungen nicht legen, weil dazwischen immer der Reigen der 100 Aufsätze kommt (Gestern ist der letzte Stoß der 1. Serie gerade erledigt worden). Thema weiß ich noch nicht. Augustin wird kaum möglich sein, da ich nur so selten und nur in homöopathischen Dosen mir etwas davon leisten kann. Darum wird es auch mit einem schönen Oktobersonntag in Heidelberg kaum etwas werden. Aber wenn sie mal für ein paar Stunden herüberkämen und Ihr Winterprogramm mitbrächten, würde es mich freuen.
Eine kleine Bitte: seit über 7 Jahren ist in St. Magdalena und in der ganzen Pfalz mein Eigenname »Fräulein Doktor«. Erst seit die Leute auf den Gedanken gekommen sind, daß ich »jemand« sei, heißt es in den Zeitungen immer »*Frau* Doktor«, und dann kommt es mir immer vor, als sei das gar nicht ich.
Ihnen und den Ihren herzliche Grüße Ihre Edith Stein

Aus: Brief an Prof. Dr. Emil Vierneisel vom 27. 2. 1930 aus St. Magdalena

33 Zwischen scholastischer und moderner Philosophie

Hochverehrter Herr Geheimrat, Frau Geheimrat Husserl hat Ihnen wohl am Samstag schon angedeutet, warum ich Sie zu sprechen wünschte. Als ich Ostern 1929 bei Ihnen war, haben Sie mir ernstlich ins Gewissen geredet, mein Pfund nicht zu vergraben. Das ist seitdem noch von mancher andern Seite geschehen. Und ich habe jetzt Schritte getan, mir die Hände frei zu machen. Von Ostern ab werde ich nur noch die Hälfte des Unterrichts hier geben und Ostern 1932 ganz fortgehen. Im Vertrauen: es besteht Aussicht auf einen Ruf an eine preußische pädagogische Akademie. Aber seit ich das weiß, beschäftigt mich der Gedanke, daß ich dann Psychologie dozieren müßte und wieder nicht für das frei wäre, was doch meine eigentlichste Aufgabe zu sein scheint: die Auseinandersetzung zwischen scholastischer und moderner Philosophie. Wenn also die Universitätslaufbahn möglich wäre, dann würde ich sie entschieden vorziehen, und wenn eine Aussicht in Freiburg wäre, so wäre mir dies aus verschiedenen Gründen das Liebste. Das ist die Sachlage und nun wäre ich Ihnen für einen Rat außerordentlich dankbar. Wenn Sie mir die Zeit zu einer persönlichen Unterredung schenken wollten, könnte ich einmal Samstag – Sonntag kommen. Wollen Sie die Güte haben mir mitzuteilen, ob Ihnen das recht wäre und ob der 24./ 25. I. in Betracht käme, vielleicht auch schon, welche Stunde? Mit verehrungsvollem Gruß Ihre dankbare Edith Stein

Aus: Brief an Geheimrat Heinrich Finke vom 6. 1. 1931 aus St. Magdalena

34 Meine Besuche bei den Philosophen

Sehr verehrter Herr Geheimrat, so schnell, wie es mir möglich ist, den Bericht über meine Besuche bei den Philosophen: Heidegger erschien durchaus nicht dämonisch, sondern freundlich und wohlwollend. Er erklärte, er habe weder sachlich noch persönlich etwas einzuwenden. Nur müßte er sich, ehe er mir eine Zusage gäbe, mit der Regierung in Verbindung setzen, ob noch ein Privatdozenten-Stipendium zu haben sei. Anders ginge er an keine Habilitation heran. Daran merkte ich, daß er glaubte, ich wolle mich bei ihm habilitieren. Aber ehe ich noch zu Ende überlegt hatte, wie ich ihn darüber aufklären sollte, sagte er selbst: wenn ich für die Zukunft an eine katholische Berufung dächte, sei es für mich besser, es *nicht* bei ihm, sondern bei Honecker zu machen; und auch für die Gegenwart sei es vorteilhafter, denn einem katholischen Dozenten könnte die Regierung schon der Parität halber kein Stipendium abschlagen. Ich solle Honecker darauf gleich aufmerksam machen. Herr Prof. Honekker schien mir erst reservierter. Er wies zunächst auf seine eigenen Kandidaten hin, von denen er einen bestimmt in Freiburg haben möchte. Schließlich gab er doch die Versicherung, er werde die Arbeit selbstverständlich ganz objektiv beurteilen, und darüber hinaus freue er sich persönlich, mit mir zusammenzuarbeiten. Beide haben geraten, den Versuch zu wagen. So bin ich mit allen verblieben wie mit Ihnen: daß ich jedenfalls jetzt eine Arbeit in Angriff nehmen werde; und wenn sie mir glückt und keine sonstigen Schwierigkeiten auftauchen, werde ich sie einreichen.

Ihnen möchte ich zur Orientierung über meine Lage noch sagen: es kommen jetzt im Februar-März bei uns die Prüfungen, bei denen ich stark beteiligt bin. Außerdem wird der Druck des Thomas-Werks mir immer noch zu schaffen machen. Auch für die Zeit nach Ostern habe ich bereits eine Reihe von Verpflichtungen außer der Schularbeit, die ich behalte, übernommen: Vorträge und einige pädagogische Aufsätze, um die ich von dem Düsseldorfer Institut gebeten wurde. Ich habe das alles angenommen, weil ich schon von Ostern ab, infolge der stark verminderten Schultätigkeit, etwas Nebenverdienst brauchen werde. Aber Sie werden verstehen, daß ich unter diesen Umständen nicht daran denken kann, bis Juni eine große und gründliche Arbeit fertig zu bekommen. Die großen Ferien werde ich sicher noch

hinzunehmen müssen; sie sind seit Jahren meine Hauptarbeitszeit.
Ich möchte Ihnen noch besonders danken, sehr verehrter Herr Geheimrat, daß Sie mir für finanzielle Beihilfe sorgen wollen. Es wäre mir gar nicht eingefallen, Sie darum zu bitten. Ich habe niemals jemand anders in Anspruch nehmen müssen als früher meine Mutter. Und seit ich in Speyer bin, habe ich eher für andere sorgen können als umgekehrt. Aber ich sehe natürlich ein, daß es nötig ist umzulernen, und bin herzlich dankbar für Ihre Fürsorge. Wenn die Görresgesellschaft mir schon für den Winter etwas bewilligen könnte, so wäre das eine sehr wertvolle Entlastung für die Vorbereitungszeit; ich wäre dann nicht mehr gezwungen, soviel Nebenarbeit anzunehmen.
Nochmals herzlichen Dank für Ihre große Güte und Hilfsbereitschaft und ergebenste Grüße Ihre Edith Stein

Aus: Brief an Geheimrat Heinrich Finke vom 26. 1. 1931 aus St. Magdalena

35 Ob der Habilitationsversuch sinnvoll ist?

Hochverehrter Herr Geheimrat, heute darf ich Ihnen endlich den I. Band meiner Thomas-Übertragung überreichen. Zugleich möchte ich Ihnen berichten, daß ich seit Ostern nicht mehr im Schuldienst bin. Ich fing Ende Januar, sofort nach meiner Rückkehr aus Freiburg, eine Arbeit an und kam auch schnell hinein, merkte aber bald, daß sie neben dem Speyerer Betrieb nicht zu Ende gedeihen könnte. Man hat mich frei gegeben und nun bin ich in meiner Heimat, um hier zu arbeiten. Schnell werde ich trotzdem nicht zum Abschluß kommen, denn es müssen nun einmal alle Prinzipienfragen zwischen Thomas und Husserl in mir zur Diskussion kommen.
Wegen des Rufes an eine Pädagogische Akademie habe ich noch keine endgültige Nachricht. Es wird aber mit großer Bestimmtheit für Ostern 1932 darauf gerechnet. Daß ich ihn annehmen

müßte, ist mir schon klar. Wenn er schon in den nächsten Monaten käme, schiene mir eigentlich der Habilitationsversuch nicht mehr recht sinnvoll. Darf ich noch einmal um Ihre gültige Meinungsäußerung bitten, was Sie in diesem Fall für ratsam hielten?

Wenn bis zum Juli noch nichts entschieden ist, möchte ich mir erlauben, nach Ihrem freundlichen Rat das Gesuch an die Görresgesellschaft zu richten. Wäre es wohl möglich, daß das Stipendium schon für den Winter bewilligt würde, da ich ja der Arbeit wegen meine Stellung aufgegeben habe und ganz ohne festes Einkommen bin.

Nun habe ich noch ein schlimmes Versäumnis nachzuholen: ich bin noch immer nicht Mitglied der Görresgesellschaft. Wollen Sie mich gütigst aufnehmen und mich über meine Pflichten aufklären?

Mit verehrungsvollem Gruß – Ihre dankbare Edith Stein

Aus: Brief an Geheimrat Heinrich Finke vom 6. 5. 1931 aus Breslau

36 Es ist noch nichts entschieden*

Sehr geehrter Herr Professer, da bin ich seit dem 14. IV. und werde voraussichtlich bleiben. Dann kommt eine Tournée durchs Rheinland und Süddeutschland. Am 30. V. habe ich tatsächlich in Wien über St. Elisabeth gesprochen. Sie können den Vortrag im »Neues Reich«, 13. und 20. VI., lesen und dann selbst entscheiden, ob Sie mir die Festrede auferlegen dürfen. Sie sind ja Historiker und können beurteilen, was herauskommt, wenn Ihnen jemand Unberufener ins Handwerk pfuscht. Mir ist von meiner historischen Zeit gerade noch so viel geblieben, um meinen Versuch als sehr dilettantisch zu empfinden. Diesen Vortrag würde ich natürlich nicht halten. Einen weiteren Elisabeth-Vortrag habe ich für Köln zugesagt. Was das wird, weiß ich noch nicht und wo ein 3. für Heidelberg herkommen soll, erst

recht nicht. Aber wenn es sein muß, wird es ja möglich sein. Über meinen künftigen Wirkungskreis ist noch nichts entschieden; darum ist es eigentlich etwas gewagt für November eine Zusage zu geben. Vielleicht können wir wenigstens mal offen lassen, ob 15. oder 22.
Der Vortrag vom 2. XII. ist im Hl. Feuer erschienen, d. h. vorläufig die 1. Hälfte im Mai-Juni Heft.
Ihnen und den Ihren herzliche Grüße Ihre Edith Stein

Aus: Brief an Prof. Dr. Emil Vierneisel vom 18. 6. 1931 aus Breslau

37 Vorlesungen über Mädchenbildung und noch etwas anderes*

Sehr geehrter Herr Professor!
Als ich Freiburg verließ, tat ich es in der Absicht, meinen Abschiedsbesuch bei Ihnen schriftlich nachzuholen. Aber Sie werden verstehen, daß man, wenn man plötzlich und unvorbereitet in die Lage versetzt wird, Vorlesungen über Mädchenbildung zu halten und noch manches andere zu tun hat, zu vielem nicht kommt. Dürfte ich Sie wohl bitten, das Manuskript, das ich bei Ihnen zurückließ, Ende Juli nach Breslau zu schicken (Michaelisstr. 38)? Schon jetzt herzlichen Dank! – In den letzten Tagen wird wohl mein II. Thomas-Band zu Ihnen gelangt sein.
Mit ergebenen Grüßen Ihre Edith Stein

Aus: Brief an Prof. Dr. Honecker vom 19. 6. 1932 aus Münster

38 Schwaches und untaugliches Werkzeug

Ich bin seit einigen Wochen zur philosophischen Arbeit zurückgekehrt und stehe vor einer großen Aufgabe, für die mir sehr, sehr vieles fehlt, was dazu nötig wäre. Wenn ich nicht auf den

Segen des Hl. Gehorsams vertrauen dürfte und darauf, daß der Herr auch durch ein ganz schwaches und untaugliches Werkzeug etwas ausrichten kann, wenn es Ihm gefällt, dann müßte ich das Rennen aufgeben. So tue ich, was ich kann und laß mir immer wieder vor dem Tabernakel den Mut aufrichten, wenn er mir von der Gelehrsamkeit anderer Leute erdrückt worden ist.

Aus: Brief an Mater Petra Brüning OSU vom 23. 6. 1935 aus Köln

39 Abschied von Husserl

Das Zusammentreffen der Ereignisse, auch der Briefe auf meinem Schreibtisch, wäre fast hinreichende Grundlage für einen teleologischen Gottesbeweis. Seit den Sommerferien liegt Husserls Formale und transzendentale Logik (vom Verlag in seinem Auftrag übersandt) bei mir. Am Donnerstag habe ich damit begonnen, wie es eben jetzt in den Zusammenhang meiner Arbeit gehört, und Freitag bekam ich Ihren Brief. Ein analoges Gespräch mit Husserl hatte ich, als ich ihn zum erstenmal nach meiner Konversion sprach – ich hatte ihn auch acht Jahre dazwischen nicht gesehen. Seine Frau war zugegen, und immer, wenn sie etwas ganz Verständnisloses sagte, entgegnete er so tief und schön, daß ich kaum etwas hinzuzufügen brauchte. Und ich konnte ganz rückhaltlos offen sein. Aber ich glaube, man muß sich vor Illusionen hüten. Es ist gut, wenn wir frei mit ihm über diese letzten Dinge sprechen können. Aber es verschärft die Verantwortung für ihn und damit unsere Verantwortung für ihn. Gebet und Opfer sind sicher viel wichtiger als alles, was wir ihm sagen können, und sind – daran zweifle ich nicht – sehr nötig. [. . .]

Aus: Brief an Sr. Adelgundis Jaegerschmid OSB vom 16. 2. 1930 aus St. Magdalena

Haben sich die badischen Zeitungen zu Husserls Tod (27. 4. 1938) geäußert? Heute wurde mir eine kurze Notiz aus dem Hamburger Fremdenblatt geschickt von erschreckender

Frostigkeit. Dem lieben Meister kann das nichts anhaben. Er war von allem Irdischen gelöst, als er heimging. Aber an die Nachwelt möchte man fast Goethes Kraftwort über die Hans-Sachs-Verkenner richten.

Aus: Brief an Emil Vierneisel, 6. 5. 1938 aus Köln

40 Husserls Scheu vor der Metaphysik*

Hochwürdiger Herr Pater, herzlichen Dank für die freundliche Übersendung Ihrer Arbeit. Vorgestern mittag brachte sie mir unsere liebe, ehrwürdige Mutter in die Rekreation mit, nachdem sie mir schon früh »eine große Freude« angekündigt hatte. Ich habe dann bald angefangen zu lesen: wir denken, daß auch in diesem Fall »bis dat, qui cito dat [doppelt gibt, wer schnell gibt].« Und nun will ich versuchen, Ihnen zu sagen, was Husserl zu der Arbeit gesagt hätte. Es hätte ihn zunächst sehr befriedigt, daß Sie mehrere Jahre dem Studium seiner Schriften gewidmet haben. Er hat es immer sehr abgelehnt, wenn jemand meinte, in ein paar Monaten zum Verständnis gelangen zu können. Auch die Wahl des Themas hätte ihn gefreut als ein glücklicher Griff, um von einem zentralen Punkt aus das Ganze zu erfassen; und erst recht die gründliche, saubere und exakte Herausarbeitung seiner Gedanken. Ich glaube, daß Sie im wesentlichen den Werdegang seines Werkes nachgezeichnet haben. Einige Punkte, die mir nicht ganz einwandfrei scheinen – vielleicht mehr in der Darstellung als in der Auffassung – will ich deutlich zu machen suchen.

(1) Es werden Kritizismus und Phänomenologie sehr nahe aneinandergerückt. Das hätte Husserl nicht nur darum abgelehnt (wie Sie es am Schluß hervorheben), weil die Subjektivität des Kritizismus keine transzendental gereinigte ist, sondern weil die phänomenologische Methode von der neukantischen, bes. der Marburger Schule, toto caole [um den ganzen Himmel] verschieden ist: dort »Rückschluß« vom Objekt auf seine Bedingungen im

Subjekt, also rein diskursives Verfahren – hier Bloßlegung der intuitiv gegebenen Bewußtseinsstrukturen unter planmäßiger Ausschaltung aller bloß schließenden Ableitungen.
(2) An derselben Stelle wird auch schon vorgreifend etwas über das Verhältnis zur Metaphysik gesagt. Später haben Sie mehrfach hervorgehoben, daß Husserl vor der Metaphysik eine gewisse Scheu hatte und sich erst ganz zuletzt im Sinne eines metaphysischen Idealismus festlegen ließ. Tatsächlich hat er immer betont, daß er keine Metaphysik, auch überhaupt kein philosophisches »System« aufstellen wollte, sondern nur eine Methode herausarbeiten – die philosophische Methode schlechthin, wie er seit dem Logos-Artikel immer fest geglaubt hat. (Wie ich persönlich darüber denke, will ich am Schluß noch sagen.)
(3) Es wird »reell« = »psychologisch-real« gesetzt. Im Sinn der 1. Aufl. der Logischen Untersuchungen mag das zulässig sein. Dem späteren Standpunkt entspricht es nicht mehr. Es ist dann das dem reinen Bewußtsein Immanente. Es wäre wohl auch günstiger, wenn deskriptive Psychologie und Phänomenologie nicht anfangs einfach gleichgesetzt würden. Später wird der Durchbruch von der deskriptiven Psychologie zur Phänomenologie wohl dargestellt. Aber Husserl war doch von der Zeit der »Ideen« an überzeugt, daß es ihm schon in den logischen Untersuchungen tatsächlich um phänomenologisches Verfahren zu tun war und daß er sich selbst noch nicht verstanden hatte, wenn er es dort deskriptive Psychologie nannte.
Daß Erlebnisse nicht abgeschattet seien, sondern in einem Schlage wahrnehmbar, war auch nur vorläufige Redeweise in den »Ideen«. Nach den Untersuchungen über das Zeitbewußtsein, die längst vor der Niederschrift der »Ideen« ausgearbeitet waren, läßt sich das nicht mehr halten. Sie haben das selbst später bemerkt.
Daß Husserl etwas anderes als objektivierende Akte nirgends untersucht habe, kann man wohl auf Grund der Publikationen sagen. Aber in den unveröffentlichten Vorlesungen über formale Axiologie und Praktik war etwas davon gegeben. Es war eins seiner besten Kollegs.

Husserls »reines Bewußtsein« sollte kein »überzeitliches Normalbewußtsein« – etwa im Sinn von Th. Lipps – sein. Er hat es immer als individuell aufgefaßt. Damit hängt die Frage des Solipsismus zusammen. Husserl wollte das durchaus nicht. Er hat schon in den »Ideen« davon gesprochen, es in Vorlesungen und Gesprächen immer wieder betont, daß die Konstitution der Welt intersubjektiv zu verstehen sei. (Das war mir die Anregung zu meiner Doktorarbeit über »Einfühlung«, weil ich schon damals merkte, daß eine Lücke auszufüllen war.)
Soweit, was ich von Husserls Standpunkt aus sagen kann. Auf einige sachlich ganz belanglose Irrtümer möchte ich noch aufmerksam machen: Das Referat über Phänomenologie in Juvisy hatte nicht P. Mager (er war wohl anwesend, hat aber nicht viel gesagt), sondern P. Daniel Feuling O.S.B. Es war ein ausgezeichnetes Referat, von dem Husserl entzückt war. – Husserls Todestag ist der 27. 4., nicht der 29.
Nun noch ein paar Worte über meine persönliche Stellungnahme. Husserl hat uns (von der allerletzten Zeit abgesehen) niemals die metaphysischen Konsequenzen seines – der ursprünglichen Absicht nach – nur unmethodischen Idealismus zugeben wollen. Erst recht nicht, daß schon im 1. Ansatz eine metaphysische Stellungnahme verborgen sei. Was die letzte Zeit angeht, so hatte ich bei gemeinsamen Gesprächen mit ihm und Dr. Fink den Eindruck, daß er sich von seinem jungen Assistenten zu radikaleren Formulierungen mit fortreißen ließ, als er sie von sich aus gegeben hätte. Husserl hat Dr. Fink – gewiß mit Recht – außerordentlich hochgeschätzt: seine Begabung und den Ernst, mit dem er sich in die Phänomenologie eingearbeitet hatte. Dr. Fink hatte die unverbrauchte Kraft und den Radikalismus eines jugendlichen Denkens. Und er warf sich mit der ganzen Kraft gerade auf die Idealismusfrage, in der die alten Göttinger Schüler nicht hatten mitgehen wollen. Husserl sah in Dr. Fink den Erben seines Lebenswerkes. Darum war es ihm nicht recht, daß ich in Juvisy einen Unterschied zwischen den Auffassungen beider gemacht hatte. Ich vermute, daß sein Vorwort zu Finks Aufsatz von 1933 (von dem ich übrigens erst durch Ihr Buch gehört habe) dadurch

motiviert war. – Für die sachliche Auseinandersetzung scheint mir außer manchem, was ich schon in Juvisy andeutete, ein Punkt wichtig, der mir heute beim Durchlesen Ihres Buches auffiel. Sie sprechen da von dem absoluten und notwendigen Sein des Bewußtseins. Man müßte da scheiden zwischen der bloß faktischen Notwendigkeit des einzelnen Bewußtseins und einer eventuellen Wesensnotwendigkeit von Bewußtsein überhaupt. (Husserl hat ja scharf zwischen transzendentaler und eidetischer Reduktion geschieden.) Es kam mir der Gedanke, daß es von hier aus nicht sehr weit ist zu Heideggers Fragestellung: warum eigentlich etwas ist und nicht vielmehr nichts ist.

Vielleicht hat Ihnen R. P. Stoks erzählt, daß er die Druckbogen eines großen Buches gesehen hat. Darin steht sicher viel, was Sie interessieren würde. Obwohl es von Thomas ausging, ist es doch stark augustinisch geworden. Es konnte der Zeitverhältnisse wegen nicht erscheinen, und ich weiß nicht einmal, ob der Verleger in Breslau den Satz überhaupt noch stehen gelassen hat.

Unsere liebe Mutter erlaubt sehr gern, daß Sie einmal herkommen. Mündlich wird sich vieles noch deutlicher und ausführlicher sagen lassen.

Ich wünsche Ihnen die Fülle der Gaben und bitte auch mich in diesem Sinn im hl. Opfer einzuschließen. Mit der Bitte um den hl. Segen für unser ganzes Haus

In Corde Jesu ergebene Sr. Teresia Benedicta a Cruce, O.C.D.

Aus: Brief an Pater Henri Boelaars, Wien, vom 21.5.1941 aus Echt

41 Beziehungen zwischen Scheler und Husserl*

Hochwürdiger Pater! Jetzt bin ich fertig mit dem Lesen Ihrer zwei Artikel und ich muß Ihnen noch einmal herzlich danken für die große Freundlichkeit, sie mir gegeben zu haben. Ich bin sehr froh, daß in den Niederlanden soviel Interesse da ist für die

Phänomenologie. Ein wenig erstaunt bin ich über die Chronologie betreffs Scheler. Ich hörte Vorlesungen von ihm in Göttingen 1913 und 1914 (als er an keiner Universität war und von uns eingeladen wurde, einige Wochen privat für uns zu sprechen). Ich bin fast sicher, daß er damals schon zur katholischen Kirche gehörte: er sprach mit der größten Begeisterung über katholische Ideen; 1914 sagte man auch, daß seine Frau (die zweite – Märit Furtwängler) gerade zur katholischen Kirche zurückgekehrt sei. Dies geschah jedoch sehr viel später als seine Konversion. Ich kann Ihnen auch noch etwas sagen über die Beziehungen zwischen Scheler und Husserl, was Sie vielleicht noch nicht wissen. Scheler hat immer gesagt, daß er nicht *Schüler* von Husserl war, sondern selbständig zur Phänomenologie gekommen ist. Er war jedoch in Jena, als Husserl in Halle war. Sie haben in dieser Zeit öfters miteinander gesprochen, und es gibt keinen Zweifel, daß diese Gespräche einen tiefen Einfluß auf Scheler ausgeübt haben. Er war ja schrecklich schnell im Verstehen, nicht nur von dem, was ein anderer sagte, sondern auch von dem, was als Grund unausgesprochen blieb. Sie haben wohl gesehen, daß der Unterschied dieser zwei Menschen sehr tief war. Scheler war für mich immer das wahre »Phänomen der Genialität«, wie kein anderer Mensch, dem ich begegnet bin. Husserl war selbstverständlich auch ein Genius, aber zugleich der echte deutsche Gelehrte mit einem ganz zarten intellektuellen Gewissen. Scheler ist öfters bei seinen ersten Gedanken geblieben, und das sind nicht immer die besten Gedanken. Es war nicht seine Methode, lange zu arbeiten, oder zu warten, bis eine Intuition kommt. Das ist bei ihm der Grund, warum er kein konsequenter Phänomenologe ist. Ich möchte das auch von Heidegger sagen, daß er nicht konsequent ist – nicht, weil er zu schnell ist (er ist ein Meister in der schärfsten Analyse, wenn er will), nein, wegen seiner Metaphysik.

Darf ich noch etwas für mich selbst fragen? Ich weiß nicht, ob der Pater Hirschmann Ihnen schon erzählt hat, daß ich im Kölner Karmel ein großes Buch geschrieben habe »Endliches und Ewiges Sein. Versuch eines Aufstiegs zum Sinn des Seins«. Der

Verlag Borgmeyer in Breslau hat es gedruckt, aber nicht publiziert, da er sich nicht getraute, es unter meinem Namen herauszugeben. Es sind jetzt fast schon drei Jahre, daß es ruht. Glauben Sie, daß eine Möglichkeit besteht, es in den Niederlanden zu veröffentlichen? Es wäre dann wohl notwendig, es zu übersetzen. Ich wäre für einen Rat von Ihnen sehr dankbar.
Sie sehen schon, daß ich noch eine ABC-Schülerin bin in der niederländischen Sprache. Ich schreibe es, um mich zu üben, und um den guten Willen zu zeigen, in der Hoffnung, daß Sie so gut sein werden, alle Fehler zu entschuldigen.
Mit ehrerbietigen Grüßen, den heiligen Segen erbittend Ihre geringste Dienerin ind. sr. Teresia Benedicta a Cruce, OCD

Aus: Brief an Dr. Jan H. Nota SJ vom 29. 11. 1941 aus Echt

IV Der Ort, an den ich gehöre

Wie alt Edith Stein sein mochte, konnte ich auf den ersten Blick nicht sagen. Aber ihr an den Schläfen leicht ergrautes Haar, ließ auf mehrere Jahre schließen. So wunderte ich mich nicht, als ich nach einigen Tagen erfuhr, sie sei bereits 42 Jahr alt. Doch sie lebte unter uns wie eine von uns, ohne das geringste Aufheben von sich zu machen. Man kann diese einfache und natürliche Schlichtheit gar nicht genug hervorheben. Der ernste Zug verlor sich schnell, und es schien, als ob sie um 20 Jahre jünger geworden sei. Ihre große Zurückhaltung wich einer sonnigen Zugänglichkeit. Nie habe ich gesehen, daß sie sich wegen der kleinen Vorschriften empfindlich zeigte . . ., nie verlor sie deshalb ihr fröhliches Lächeln. Man darf aber nicht glauben, Edith Stein habe zu jenen passiven Naturen gehört, an denen alles ohne Eindruck vorübergeht. Sie hatte ein sehr lebhaftes, ja freuriges Temperament, das sich in ihren schönen strahlenden Augen spiegelte. Aber ihre große Selbstbeherrschung regierte den ganzen Menschen, und nie habe ich gesehen, daß sie sie einen Augenblick verlor.

Sr. Teresia Margareta Drügemöller, eine Noviziatsgefährtin

Edith hatte immer schon, von Natur, etwas Kindliches und Freundliches an sich. Aber die Kindlichkeit, Vergnügtheit und Geborgenheit, die sie jetzt gewonnen hatte, war, wenn ich das sagen darf, bezaubernd. Der wundersame Doppelsinn des Wortes Gratia: Gnade und Grazie waren hier vereinigt. Edith hat mir in jener Stunde ganz offenherzig von den Schwierigkeiten erzählt, die ihr das Noviziatsjahr gemacht hatte. Sie konnte es tun, denn was hatte sie dadurch gewonnen. Es ist oft darüber gesprochen worden, wie ein so intellektueller, ein so hochgebildeter Mensch, sich in die enge, tägliche Gemeinschaft von zum größten Teil ganz einfachen Frauen hat hineinfinden können. Aber gerade hierin lagen nicht ihre Schwierigkeiten. Die bestanden mehr im

Lernen der komplizierten Regeln. Abgesehen davon, daß jede enge, menschliche Gemeinschaft durch das Zusammentreffen verschiedener Charaktere und Erziehungen persönliche Liebesproben mit sich bringt, die eben überwunden werden müssen.

Phänomenologin Hedwig Conrad-Martius

42 Für diese Welt untüchtig

Diese Erkenntnis der eigenen Grenzen hat in den letzten Monaten bei mir rapide Fortschritte gemacht. Ich weiß nicht, ob Sie sich erinnern, daß Sie mir vor Jahren einmal etwas darüber gesagt haben – das heißt über den Mangel dieser Erkenntnis und ein allzu naives Selbstvertrauen. Damals habe ich nicht viel davon verstanden. Man versteht ja solche Kritik gewöhnlich erst, wenn einem von innen her das Licht dafür aufgeht. Jetzt, wo ich immer wieder mit Menschen zusammentreffe, die ganz mit ihrer Lebensarbeit verwachsen sind, richtig fachlich dafür gebildet und darin groß geworden, merke ich, daß ich eigentlich überall den Anschluß verloren habe und für diese Welt allseitig untüchtig bin. Diese Erkenntnis deprimiert mich an sich nicht. Es ist nur nicht ganz leicht, an einem verantwortlichen Posten zu stehen, für den einem so vieles Notwendige fehlt, und wenig Aussicht zu haben, das alles nachholen zu können. Aber solange die Indizien dafür sprechen, daß der Herr mich an dieser Stelle haben will, darf ich nicht desertieren.

Aus: Brief an Hedwig Conrad-Martius vom 13. 11. 1932 aus Münster

43 Bis an mein Lebensende*

Lieber Werner, über Deinen lieben Brief und das Bildchen habe ich mich sehr gefreut. Daß Du von niemanden Berichte bekommst, die Dir wirklich Aufschluß geben könnten, darf Dich nicht wundern. Es besteht ja längst kein Briefgeheimnis mehr,

Am 15.4.1934, dem Tag der Einkleidung im Kölner Karmel

und jeder riskiert, daß 1.) der Brief nicht weitergeht und 2.) er selbst bestraft wird. Mich traf Dein Brief nicht mehr in Münster. Du weißt offenbar nicht, daß auch die Katholiken unter einem starken Druck stehen. Das Institut, an dem ich war, kämpfte den ganzen Sommer um seine Existenz. Es hatten alle, die dort tätig waren, den Wunsch und die Hoffnung, daß ich meine Vorlesungen wieder aufnehmen könnte, wenn die erste Erregung vorbei wäre. Die katholischen Lehrerinnen haben genau wie viele für mich gesorgt (auch jetzt noch), die katholischen Studentinnen haben treu zu mir gestanden und mir alles zuliebe getan, was sie konnten, ebenso die Schwestern, bei denen ich wohnte, und viele, viele andere – auch Menschen, mit denen ich früher keine Fühlung hatte. Es war mein freier Entschluß, daß ich fortging. Und hier habe ich Aufnahme bei Klosterfrauen (Karmeliterinnen) gefunden, die mir nun bis an mein Lebensende alle Existenzsorgen abnehmen. So habe ich wahrhaftig keinen Grund, mich zu beklagen. Aber auch wenn die Menschen mir nicht so viel Gutes getan hätten, könnte mich das doch an der Kirche niemals irremachen. Ich bin ja nicht hineingegangen, um dadurch Vorteile zu haben oder weil Menschen mich hineingezogen hätten, sondern weil ihre Lehre und der Glaube an ihre Sakramente es mir unabweislich machten. Und deren Segen habe ich in 11 Jahren so reichlich erfahren, daß mich nichts mehr von ihr trennen könnte. Und wenn kein anderer Mensch auf der Welt wäre, dessen Leben Zeugnis dafür ablegte, was lebendiger Glaube aus einem Menschen zu machen vermag, so würde doch ich mich dafür verpflichtet fühlen. Es gibt aber genug andere und ich gebe die Hoffnung nicht auf, daß auch Dir noch einmal welche begegnen werden.
Nächstens (16.VIII.) will ich nach Breslau fahren und über Großmutters Geburtstag bleiben. Zum 15. X. will ich wieder hier sein. Dein nächster Brief wird mich jedenfalls in Breslau treffen. Daß ich vor meiner Abreise von Münster einen Sonntag in Hamburg war, wird Dir wohl Deine Mutter geschrieben haben. Ich fand alle Drei recht munter, vor allem Deinen Vater, zwar ganz weißhaarig, aber gesund und frisch aussehend, und bei guter Stimmung. Natürlich ist die Ungewißheit über die Zukunft

für sie schwer zu tragen. Ilse mochte damals noch nicht an eine Auslandsstellung denken. Hast Du gehört, daß Lilli Berg-Platau mit Mann und Kindern nach Palästina geht?
Dir, Tulia und dem prächtigen Hänschen alles Gute und viele herzliche Grüße Deine Tante Edith

Aus: Brief an Werner Gordon [Neffe] vom 9. 8. 1933 aus Köln

44 Mich interessiert alles, was draußen ist

Meine liebe Suse, es ist lange her, daß ich Dir kein eigenes Briefchen mehr geschrieben habe. Heute tue ich es, weil Tante Rosa mir schrieb, daß Du wieder unerfreuliche Erfahrungen in der Schule gemacht hast. Dafür möchte ich Dir nun eine kleine Freude machen, wenn es auch nur ein schriftlicher Gruß ist. Besser wäre es ja, wenn Du manchmal zu einem Plauderstündchen in unser Sprechzimmer kommen könntest. An unser Gitter würdest Du Dich gewiß schnell gewöhnen. Und es tut allen Besuchern, jungen und alten gut, manchmal, wenn auch nur für kurze Zeit, in einer Welt zu sein, wo man von all den wüsten Kämpfen draußen gar nichts merkt. Lotte war ja damals auf der Durchreise nur eine knappe Stunde bei uns. Aber sie sagte auch, als sie ein wenig mit mir gesprochen hatte: Du merkst wohl hier gar nichts von dem, was draußen ist? Vorläufig sind wir aber noch darauf angewiesen, uns schriftlich zu unterhalten. Du kannst sicher sein, daß mich alles interessiert, was Euch betrifft, alle großen und kleinen Leiden und Freuden. Noch eine kleine Bitte habe ich: wenn im April der Stein auf Großmamas Grab kommt und das Grab hergerichtet ist, dann macht einmal davon eine schöne Aufnahme für mich, bitte.
Viele herzliche Grüße Deine Tante Edith

Aus: Brief an die Nichte, Suse Batzdorff, vom 5. 3. 1937 aus Köln

45 Drinnen und draußen

Es ist ganz natürlich, daß Sie mit Sehnsucht an den tiefen Frieden denken, der uns hier geschenkt ist. Aber man muß ja hinein berufen werden. Und wer draußen seinen Platz hat, für den gibt es auch draußen einen Weg. Daß ich immer an Sie alle denke, ist ja selbstverständlich. Wünsche, die Sie mir erfüllen könnten, wüßte ich keine. Wenn die Plantage noch da wäre, würde ich um Äpfel bitten, da in unserm fleischlosen Haushalt viel Obst gebraucht wird. Aber ich vermute, daß Sie kaum noch genug für den eigenen Gebrauch haben.

Aus: Brief an Hedwig Conrad-Martius vom 31. 10. 1933 aus Köln

Ich bin jetzt an dem Ort, an den ich längst gehörte. Und es liegt mir sehr fern, denen einen Vorwurf zu machen, die mir den Weg freigemacht haben – wenn das auch nicht in ihrer Absicht lag.

Aus: Brief an Hans Brunnengräber vom 20. 11. 1933 aus Köln

46 Ich vermisse nichts, was draußen ist

Über die Frage, wie ich mich an die Einsamkeit gewöhnt habe, mußte ich ein wenig lächeln. Ich bin die meiste Zeit meines Lebens viel einsamer gewesen als hier. Ich vermisse nichts, was draußen ist, und habe alles, was ich draußen vermißte, so daß ich nur immer für die ganz unverdiente übergroße Gnade der Berufung danken muß.

Aus: Brief an Pfarrer Konrad Schwind vom 11. 2. 1935 aus Köln

47 Empfangen und Schenken

In selbstvergessener Liebe sich Gott restlos hinzugeben, das eigene Leben enden zu lassen, um für Gottes Leben in sich Raum zu schaffen, ist Motiv, Prinzip und Ziel des Ordenslebens. Je vollkommener das verwirklicht wird, desto reicheres, göttliches Leben füllt die Seele. Göttliches Leben aber ist Liebe, überströmende, unbedürftige, frei sich verschenkende Liebe: Liebe, die sich erbarmend zu jedem bedürftigen Wesen herabneigt; Liebe, die Krankes heilt und Totes zum Leben erweckt; Liebe, die hütet und hegt, ernährt, lehrt und bildet; Liebe, die mit den Trauernden trauert und mit den Fröhlichen fröhlich ist; die jedem Wesen dienstbar wird, damit es das werde, wozu es der Vater bestimmt hat; mit einem Wort: die Liebe des göttlichen Herzens. Sich liebend hinzugeben, ganz eines andern Eigentum zu werden und diesen andern ganz zu besitzen, ist tiefstes Verlangen des weiblichen Herzens. Darin faßt sich die Einstellung auf das Persönliche und auf das Ganze zusammen, die uns als spezifisch weiblich erschien. Wo diese Hingabe einem Menschen gegenüber erfolgt, ist sie eine verkehrte Selbstpreisgabe, eine Versklavung und zugleich ein unberechtigter Anspruch, den kein Mensch erfüllen kann. Nur Gott kann eines Menschen Hingabe ganz empfangen und so empfangen, daß der Mensch seine Seele nicht verliert, sondern gewinnt. Und nur Gott kann sich selbst einem Menschen so schenken, daß er dessen ganzes Wesen ausfüllt und dabei von sich nichts verliert.

Aus: Die Frau (1928–1932)

48 Doppelberuf der Klosterfrau

Sicherlich hat es zu allen Zeiten Ordensleute gegeben, die sich der vollen Tragweite ihrer Gelübde nicht klar waren oder die wohl im ersten jugendlichen Berufseifer zum Ganzopfer bereit waren, es aber nicht durchhalten konnten: ihr Dasein wird meist ihnen zur Qual und der Kommunität zur Last. Dazu kommen die Schwierigkeiten, die erst die modernen Lebensverhältnisse hervorgebracht haben: der Doppelberuf der Klosterfrau, die sich zugleich als Krankenschwester, Lehrerin, Sozialbeamtin auf der Höhe der heutigen Anforderungen halten und ihren Ordensverpflichtungen nachkommen soll. Gar oft geht da, ähnlich wie bei der erwerbstätigen Gattin und Mutter, unter der übermäßigen Belastung die rechte Seelenhaltung verloren.

Aus: Die Frau (1928–1932)

49 Studierende Schwester

Jetzt will ich Ihnen gleich noch etwas zur Aufmunterung für das neue Semester sagen. Sr. Agnella war auch nach Erledigung des Newmann-Manuskriptes noch mehrmals bei mir. Ich glaube, man braucht sich um sie nicht so große Sorgen machen. Sie hat ihr Kreuz wie wir alle, aber es hat ihr Früchte getragen, und sie weiß es und möchte es sicher nicht hergeben.

Das müssen wir auch lernen, liebe Schwester, andere ihr Kreuz tragen zu sehen und es ihnen nicht abnehmen zu können. Es ist schwerer als das eigene zu tragen, aber wir kommen auch daran nicht vorbei.

Ich glaube, Sie können den andern am besten helfen, wenn Sie sich möglichst wenig darüber den Kopf zerbrechen, wie sie es tun sollen, sondern möglichst unbefangen und fröhlich sind. Und wenn für Sie selbst die Schwierigkeiten der studierenden Klosterfrau kommen, dann sagen Sie sich, daß Sie eben darin Ihren Dienst haben. Ich verspreche mir für das ganze Haus sehr viel von den studierenden Schwestern.

Aus: Brief an Sr. Callista Kopf OP, vom 12. 10. 1927 aus St. Magdalena

50 Im Rhythmus eines Werkzeugs

Es kommt darauf an, daß man zunächst einmal in der Tat einen stillen Winkel hat, in dem man mit Gott so verkehren kann, als ob es sonst überhaupt nichts gäbe, und das täglich: das Gegebene scheinen mir die Morgenstunden, ehe die Tagesarbeit beginnt; ferner, daß man seine besondere Mission dort bekommt, am besten für jeden Tag, und auch nichts selbst wählt. Schließlich, daß man sich ganz und gar als Werkzeug betrachtet und speziell die Kräfte, mit denen man besonders arbeiten muß, z. B. den Verstand in unserem Fall, als etwas, was nicht *wir* brauchen, sondern Gott in uns.

Aus: Brief an Sr. Callista Kopf OP vom 12. 2. 1928 aus St. Magdalena

51 Annehmbares Opfer darbringen

Ihre Bitte, manchmal zu schreiben, hatte ich immer in Erinnerung, aber im Advent haben Sie gewiß nichts erwartet, und Weihnachtsgrüße kann ich jetzt erst allmählich verschicken. Die wesentlichen Liebesdienste müssen jetzt auf einem andern, stillen Wege geschehen. Ich glaube, daß ich Ihnen damit auch mehr helfen kann als mit Worten. Freilich, aller Anliegen, die mir von den verschiedenen Seiten empfohlen werden, im einzelnen zu gedenken, das ist kaum möglich. Man kann sich nur bemühen, das Leben, das man erwählt hat, immer treuer und reiner zu leben, um es als ein annehmbares Opfer für alle, denen man verbunden ist, darzubringen. Das Vertrauen, das auf uns gesetzt wird, die fast erschreckend hohe Meinung, die so viele draußen von unserm Leben haben, ist ein immer neuer Ansporn dazu. Ich denke mir Ihre Tätigkeit jetzt überaus schwer und verantwortungsvoll. Neulich habe ich sehr lebhaft an Sie gedacht, als uns ein Jesuitenpater, der hier Gefängnisgeistlicher ist, von der Hinrichtung von 6 Gefangenen erzählte.

Aus: Brief an Sr. Adelgundis Jaegerschmid OSB vom 11. 1. 1934 aus Köln

52 Gar nichts Außerordentliches

Es ist manchmal recht beschämend für uns, wenn man uns besondere Gebetskraft und Heiligkeit zutraut. Wir können an uns gar nichts Außerordentliches entdecken. Trotzdem scheint es so zu sein, daß der Herr denen gern hilft, die sich an uns wenden. Es ist wohl der Lohn für ihr Vertrauen, vielleicht auch der Lohn dafür, daß wir uns Ihm geschenkt haben. Wenn aber das Gebet für Sie wirken soll, dann müssen Sie auch das Ihre tun: nämlich vernünftig sein und für Ihre Gesundheit das Nötige tun. Es gefällt dem lieben Gott sehr gut, wenn man Anordnungen des Arztes und der Pflegerin so befolgt, als wenn es Seine eigenen wären; und wenn man in einer geschenkten Ruhezeit wirklich ruht und alle Sorgen Ihm überläßt.

Aus: Brief an Gisela Naegeli, Herbst 1934 aus Köln

53 Nur ein Werkzeug des Herrn

Ich bin nur ein Werkzeug des Herrn. Wer zu mir kommt, den möchte ich zu Ihm führen. Und wo ich merke, daß es nicht darum geht, sondern daß das Interesse meiner Person gilt, da kann ich als Werkzeug nicht dienen und muß den Herrn bitten, daß Er auf andern Wegen helfen möchte, Er ist ja niemals nur auf den einen angewiesen.

Aus: Brief an Erna Hermann vom 19. 12. 1930 aus St. Magdalena

54 Furcht, das Heilige zu banalisieren

Ich würde mich durch so große Liebe und Güte tief beschämt fühlen, wenn ich nicht wüßte, daß sie weniger meiner Person gilt als dem heiligen Beruf, zu dem ich so ganz ohne Verdienst

erwählt worden bin und den Sie so tief erfassen. So ist mir jeder neue Liebesbeweis ein Ansporn, alle Kräfte zusammenzunehmen, um ein minder unwürdiges *vas electionis* [auserwähltes Gefäß] zu werden.
Ich weiß wohl, wie farblos alles ist, was ich Ihnen geschrieben habe. Aber im Verhältnis zu der Gnadenfülle, die jeder Tag bringt, ist eine armselige Menschenseele so klein; und wiederum im Verhältnis zu dem, was sie immerhin zu fassen vermag, alle Worte so unzulänglich. Und wenn man überdies an so viele Menschen schreiben muß, dann fürchtet man sich, das Heiligste zu banalisieren.

Aus: Brief an Mater Petra Brüning OSU vom 26. 1. 1934 aus Köln

55 Fröhliche Armut und Frieden

Ich würde mich so sehr freuen, wenn Sie einmal kommen könnten. Einmal, weil ich gern etwas mehr von Ihren Sorgen wüßte, als sich schreiben läßt. Sie haben ja nicht aufgehört, mea res [meine Sache] zu sein. Und je konkreter das Bild ist, desto mehr treibt es uns an, unsern Schwestern draußen mit unserm Gebet zu Hilfe zu kommen. Ich denke auch, es würde Ihnen guttun, ein bißchen bei uns zu sein. Wir haben Ihnen zwar nichts Großartiges zu bieten – gar keine schöne Liturgie oder dgl. Nur unsere fröhliche Armut und unsern Frieden. Es ist uns doch so viel leichter gemacht, dies zu bewahren, als denen, die täglich und stündlich in den Kampf gestellt sind. Und darum bin ich immer froh, wenn sich jemand etwas davon zur Stärkung im Kampf holen kann.

Aus: Brief an Mater Petra Brüning OSU, 26. 1. 1934 aus Köln

56 Gebunden in Freiheit

Sie wollten damals etwas hören über harmonischen Ausgleich von christlicher Freiheit und klösterlicher Vorschriftenerfüllung. Ich denke, der Ausgleich liegt im »Fiat voluntas tua« [Dein Wille geschehe]. Die hl. Regel und Satzungen sind für uns Ausdruck des göttlichen Willens. Persönliche Neigungen ihnen zum Opfer bringen ist Anteil am Opfer Christi. Sich auch den ungeschriebenen Regeln, den Bräuchen des Hauses und dem Geschmack der Kommunität anzupassen ist Forderung der Liebe. Tun wir all das, um dem Herzen Jesu Freude zu bereiten, so ist es nicht Einschränkung, sondern höchste Betätigung der Freiheit, freies Geschenk bräutlicher Liebe. Haben wir diese Grundeinstellung – überall die Gelegenheiten aufzusuchen, Jesus zu erfreuen –, so werden wir auch herausfinden, in welchen Fällen es erlaubt, ja sogar geboten ist, sich von einer Regel oder Vorschrift etc. zu dispensieren. In ihr wird auch die persönliche Eigenart zu ihrem Recht kommen, ohne ihr Recht zu suchen.

Aus: Brief an Sr. Agnella Stadtmüller OP vom 29. 10. 1939 aus Echt

57 Unserem Gewissen folgen

Unsere Wirksamkeit an anderen wird nur so lange gesegnet, als wir keinen Zoll von der sicheren Grundlage unseres Glaubens preisgeben und unbeirrt durch alle menschlichen Rücksichten unserm Gewissen folgen. Wenn das an irgendeinem Platz nicht mehr möglich wäre, würde ich meinen, daß man ihn aufgeben müsse, und wenn auch noch so viel von unserer Tätigkeit abzuhängen scheint. Gott hat auch immer noch andere Mittel und Wege, um den Seelen zu helfen. Natürlich sind Sie durch den Gehorsam gebunden. Aber ich bin überzeugt, daß man Sie niemals nötigen wird, einen Posten zu behaupten, an dem Sie sich nicht mehr in den genannten Grenzen halten könnten. Wann es soweit sein wird, das können wohl nur Sie allein beurteilen.

Aus: Brief an Sr. Adelgundis Jaegerschmid OSB vom 20. 3. 1934 aus Köln

58 Ich freue mich so sehr auf die Stille

Ich habe den schönen Holzleuchter mit der großen Osterkerze bekommen, obgleich ich vermute, daß dieses große Licht der Novizenmutter (Teresia Renata) zugedacht war. Es soll mir nur während der Exerzitien leuchten, wenn ich getrennt von der Kommunität in der einsamen Zelle meine Betrachtungen halte. Mein Führer wird unser hl. Vater Johannes vom Kreuz sein: der Aufstieg zum Berge Karmel.
Ich darf wohl Freitag früh beginnen. Am liebsten möchte ich bis zum Einkleidungsmorgen in der Einsamkeit bleiben; aber es ist möglich, daß ich schon am Tage vorher von auswärtigen Gästen verlangt werde. Ich freue mich so sehr auf die Stille. Sosehr ich das Offizium liebe und so ungern ich dem Chorgebet auch bei der kleinsten Hore fernbleibe – die Grundlage unseres Lebens sind doch die zwei Stunden Betrachtung, die wir in unserer Tagesordnung haben. Seit ich diese Wohltat genieße, weiß ich erst, wie sehr sie mir draußen gefehlt hat.

Aus: Brief an Mater Petra Brüning OSU, Osterwoche 1934 aus Köln

59 Ich heiße nun Teresia Benedicta a Cruce*

Lieber Werner, leider wird der Brief zu Deinem Geburtstag ja nicht mehr zurechtkommen. Aber Du wirst meine Glückwünsche auch noch einige Tage später annehmen. Ich bekomme ja nun immer wieder die Durchschläge Deiner Briefe und bin dadurch einigermaßen im Bilde, wie es dir geht. Öfters werden mir auch Bilder des kleinen Hänschen zum Angucken geschickt. Die machen dann nicht nur mir, sondern auch meinen Mitschwestern viel Freude. Denn unsere kleine klösterliche Familie (20 Schwestern) hat Gütergemeinschaft nicht nur im äußeren Bereich. – Meine Einkleidungsfeier war ein sehr schönes Fest. Es waren sehr viele liebe Gäste da, freilich niemand von der Familie (außer Nelli Neumann, wenn man die zur Familie rechnen will). Großmutter weiß noch nicht, daß ich schon das Ordenskleid trage. Du tust am besten, ihr gegenüber mich gar nicht zu erwähnen. Sie schreibt mir wohl manchmal einen Gruß, aber sie spricht nicht gern von mir. Ich schicke Euch einige kleine Erinnerungen an den Tag, der für mich so bedeutungsvoll ist. Das Muttergottesbildchen wird sich Tulia vielleicht in ihr Gebetbuch legen; die Texte mußt Du ihr übersetzen. Ich werde mich natürlich immer sehr freuen, wenn ich auch etwas Persönliches von Euch höre. Von Wolfgang hatte ich heute einen sehr lieben Brief. Er hat sich prächtig entwickelt, ist ein ganz selbständiger, tüchtiger Junge geworden, ganz anders als er früher war; und ich habe das größte Vertrauen, daß er es auch in seinem Beruf zu etwas bringen wird. Helmut ist im Vergleich dazu noch ein rechtes Kind. So ist er auch offenbar mit der freudigen Erwartung eines Kindes in die neue Welt hinübergegangen, hoffentlich wird es gut.

Mein neuer Name ist nun Teresia Benedicta a Cruce. Meine Schwestern nennen mich Schwester Benedicta. Wenn Du es aber gern willst, darfst Du den alten Namen noch brauchen. Nur für die Adresse könntest Du Dich lieber bald an den neuen gewöhnen. Und mir nimmst Du es wohl nicht übel, wenn ich mich selbst mit dem Namen nenne, den ich mir erbeten habe.

Immer mit den herzlichsten Wünschen an Euch alle

Deine T. B. a C.

Aus: Brief an Werner Gordon (Neffe) vom 23. 5. 1934 aus Köln

60 Wunderbare Geborgenheit

Das Vertrauen, daß etwas von unserem Frieden und unserer Stille hinausströmt in die Welt und denen beisteht, die noch auf der Pilgerschaft sind, kann mich allein darüber beruhigen, daß ich vor so vielen Würdigeren in diese wunderbare Geborgenheit berufen wurde. Sie können sich gar nicht denken, wie tief es mich jedesmal beschämt, wenn jemand von unserem »Opferleben« spricht. Ein Opferleben habe ich geführt, solange ich draußen war. Jetzt sind mir fast alle Lasten abgenommen und ich habe in Fülle, was mir sonst fehlte. Freilich gibt es Schwestern bei uns, von denen täglich große Opfer verlangt werden. Und ich erwarte ja, daß ich auch einmal mehr von meiner Kreuz-Berufung spüren werde als jetzt, wo ich noch einmal vom Herrn als ein kleines Kind behandelt werde. Vorläufig wollen wir uns also in der Weise verbunden fühlen, daß Sie sich jederzeit – wenigstens im Geist – zu uns flüchten, wenn Ihnen eine Atempause nötig ist.

Aus: Brief an Gertrud von le Fort vom 31. 1. 1935 aus Köln

61 Unser Kloster hat eine große Anziehungskraft*

Lieber Werner, vielleicht kommt Dein Brief noch zu Weihnachten. Ich denke, dann wirst Du doch etwas Verlangen nach Grüßen aus der Heimat haben. Ich habe leider nichts, wovon ich annehmen könnte, daß es Dir Freude machen würde. Deine Geburtstagswünsche waren, wie schon manchmal, die ersten, die ich bekam. Herzlichen Dank dafür und für das nette Bildchen. Es hat uns viel Spaß gemacht. Das fassungslose Staunen des Kleinen über die Künste seines großen Bruders ist wirklich ein Phänomen. Hans sieht auf jedem Bild anders aus. Er muß sehr lebhaft sein, so daß der Ausdruck beständig wechselt. Ich bekam aus Breslau einige Bildchen zur Ansicht geschickt. Wo Hans allein ist – mit dem großen Pilz – erinnert er ganz an Ernst Ludwig. Du schreibst, Du seist mindestens so abgeschlossen von der Welt wie ich. Jedenfalls ist Deine Abgeschlossenheit eine sehr viel schmerzlichere. Unsere Mauern halten uns sehr viel Schlimmes fern und schließen alles in sich, was man nötig hat, um glücklich zu sein – glücklich in unserem Sinn, nicht, was man draußen durchschnittlich darunter versteht. Ich wünsche Dir von Herzen,

daß Du einmal die ganze Last der geschäftlichen Hetzjagt für ein paar Monate abbrechen und hierherkommen könntest. Ich kann Dir auch gut nachfühlen, wie groß Deine Enttäuschung über Gerhards Ausbleiben sein mußte. Denn das hattest Du Dir doch wohl vor allem von ihm versprochen, daß er Dich einmal vertreten könnte. Andererseits freue ich mich für ihn, daß er etwas nach seinen Wünschen gefunden hat. Ist dort kein Landsmann zu finden, den Du in Deinen Betrieb einführen könntest?
Von Hamburg wirst Du vielleicht gehört haben, daß Ruth Kantorowicz seit einigen Monaten schon hier ist. Sie wollte gern in eine katholische Umgebung kommen und war ja an Hamburg nicht gebunden. Sie wohnt bei sehr braven, einfachen Leuten in unserer Nähe und nimmt an unserem Leben teil, so gut das von außen geht. Unser Kloster hat für viele Menschen eine große Anziehungskraft, obgleich es arm und unscheinbar ist, und keine glänzenden Gottesdienste bietet. Aber sie spüren etwas von der Ruhe und den Frieden, die hinter dem Gitter sind.
Es tut mir leid, daß Tulia und ich keine Sprache haben, in der wir uns verständigen können. Ich würde ihr gern ein paar Worte für sie persönlich schreiben. So kann ich Dich nur bitten, ihr herzliche Grüße und Wünsche für Weihnachten und das neue Jahr zu sagen.
Euch allen alles Gute! Deine Tante Schw. Benedicta

Aus: Brief an Werner Gordon (Neffe) vom 30. 9. 1936 aus Köln

62 Tief verborgen

Seit wir wieder eine Postulantin im Hause haben, denke ich viel an unsere erste Ordensjugend und an die wunderbaren Führungen, die der Weg zum Karmel jedesmal bedeutet. Vielleicht ist die Geschichte der Seelen *im* Karmel noch viel wunderbarer. Sie sind tief verborgen im göttlichen Herzen. Und was wir von der eigenen manchmal zu verstehen glauben, ist doch immer nur ein flüchtiger Reflex von dem, was Gottes Geheimnis bleibt bis zu dem Tag, an dem alles offenbar wird. Meine große Freude ist die Hoffnung auf die künftige Klarheit. Der Glaube an die geheime Geschichte muß uns auch immer stärken, wenn das, was wir äußerlich zu sehen bekommen, an uns selbst und an anderen, uns den Mut nehmen möchte.

Aus: Brief an Sr. Maria Ernst OCD vom 16. 5. 1941 aus Echt

V Mein Leben beginnt jeden Morgen neu

Selbstverständlich ist es nicht leicht, über einen geliebten Menschen zu reden, der nach Jahren tiefsten Leides eines so entsetzlichen, gewaltsamen Todes gestorben ist. Eines Todes, der nahezu ein ganzes Volk mit verbrecherischer Geste einfach dem Nichts überantwortete. Auf diejenigen, die Edith von früher her kannten, wirkte die Photographie, die unmittelbar vor ihrer Flucht aus dem Kölner Karmel in den Holländer Karmel Echt aufgenommen wurde, so fremd, daß wir das Bild fast nicht ansehen konnten. Ihr einfaches, unschuldiges, fast immer fröhliches und liebliches Wesen war durch Leiden ganz entstellt.

Phänomenologin Hedwig Conrad-Martius

Man kann Jüdin sein, und dennoch in Köln gegenwärtig sein, um Edith Stein zu ehren. Es ist schon bitter: Heute schauten Millionen zu, als der Papst unsere Tante seligsprach. Aber 1933 bekam sie keine Antwort vom Papst, als sie auf das Schicksal der Juden hinwies. Dennoch sehe ich die Seligsprechung meiner Tante als einen Versuch der katholischen Kirche, ihre Beziehungen zu den Juden zu verbessern, auch als Zeichen der Buße für Dinge, die vielleicht getan werden konnten und nicht getan wurden.

Nichte Suse Batzdorff

Die Seligsprechung meiner lieben Tante, welche ihr Leben in einer Gaskammer von Auschwitz verlor, betrachte ich als spirituelles Denkmal, das die katholische Kirche für alle errichtet, die durch nazistische Verfolgungen untergegangen sind. Meine Eltern habe ich hierbei im Konzentrationslager Theresienstadt verloren. Mein Gebet bei der hl. Messe wird allen diesen gewidmet sein.

Neffe Prof. Dr. Gerhard Stein

63 Der Umkreis meines Tagewerkes

Mein Leben beginnt jeden Morgen neu und endet jeden Abend; Pläne und Absichten darüber hinaus habe ich keine; d. h. es kann natürlich zum Tagewerk gehören, vorauszudenken – ein Schulbetrieb z. B. ist ja ohne dies unmöglich –, aber eine »Sorge« für den kommenden Tag darf es nie werden.
Danach werden Sie verstehen, daß ich es nicht gelten lassen kann, wenn Sie sagen, ich sei etwas »geworden«. Es hat den Anschein, als ob der Umkreis meines Tagewerkes weiter werden sollte. Das ändert aber, denke ich, an mir nichts. Man hat es von mir verlangt, und so habe ich es übernommen, obwohl mir noch dunkel ist, was es einschließt und welches die praktischen Wege sein werden.

Aus: Brief an Sr. Callista Kopf OP vom 12. 2. 1928 aus St. Magdalena

64 Auf Umwegen

Meine Briefe gehen auf Umwegen und brauchen lange, bis sie ans Ziel kommen. Wenn sie aber erst einmal dort sind, dann erfolgt sofort die Antwort. Natürlich muß auch da das Meiste ungesagt bleiben. Es sind nur Zeichen, daß man durch räumliche Trennung nicht getrennt werden kann, wenn man in Gott vereint ist. Und das bliebe ja bestehen, wenn auch diese Zeichen noch fortfallen müßten.

Aus: Brief an Mater Petra Brüning OSU vom 13. 9. 1936 aus Köln

65 Tiefgreifende Umwälzungen

Wir leben bisher immer noch im tiefsten Frieden hinter unseren Klausurmauern. Aber das Schicksal unserer spanischen Mitschwestern sagt uns doch, worauf wir gefaßt sein müssen. Und wenn in größerer Nähe so tiefgreifende Umwälzungen vor sich gehen, ist das auch ein heilsamer Mahnruf. Jedenfalls ist es unsere Pflicht, mit unserm Gebet hinter denen zu stehen, die so schwere Pionierarbeit zu leisten haben.

Aus: Brief an Sr. Callista Kopf OP vom 7. 5. 1937 aus Köln

66 Im Innern eine wohlverschlossene Zelle bauen

Gewiß ist es schwer, außerhalb des Klosters und ohne das Allerheiligste zu leben. Aber Gott ist ja in uns, die ganze Allerheiligste Dreifaltigkeit. Wenn wir es nur verstehen, uns im Innern eine wohlverschlossene Zelle zu bauen und uns so oft wie nur möglich dahin zurückzuziehen, dann kann uns an keinem Ort der Welt etwas fehlen. So müssen sich ja auch die Priester und Ordensleute im Gefängnis helfen. Für die, die es recht erfassen, wird es eine große Gnadenzeit.

Aus: Brief an Sr. Agnella Stadtmüller OP vom 20. 10. 1938 aus Köln

67 Unter dem Kreuz

Ich brachte meinen Ordensnamen [Teresia Benedicta a Cruce] schon als Postulantin mit ins Haus. Ich erhielt ihn genau so, wie ich ihn erbat. Unter dem Kreuz verstand ich das Schicksal des Volkes Gottes, das sich damals schon anzukündigen begann. Ich dachte, die es verstünden, daß es das Kreuz Christi sei, die müßten es im Namen aller auf sich nehmen. Gewiß weiß ich heute mehr davon, was es heißt, dem Herrn im Zeichen des Kreuzes vermählt zu sein. Begreifen freilich wird man es niemals, weil es ein Geheimnis ist.

Aus: Brief an Mater Petra Brüning OSU vom 9. 12. 1938 aus Köln

68 Umzug

Ihr Neujahrsgruß erreichte mich noch gerade unmittelbar vor der Abfahrt aus Köln. Am Sylvesterabend bin ich hier angelangt. Es war für uns alle im Kölner Karmel ein schwerer Entschluß, uns zu trennen. Aber ich hatte die feste Überzeugung, daß es so der Wille Gottes sei und daß damit Schlimmeres verhütet werden könne. Ein äußerer Druck war noch nicht erfolgt. Hier bin ich mit der größten Liebe aufgenommen worden. Die guten Mütter und Schwestern haben alles aufgeboten, um mir so schnell wie möglich die Einreiseerlaubnis zu erwirken, und haben mir mit ihren Gebeten die Wege geebnet.

Aus: Brief an Freiin Uta von Bodman vom 22. 1. 1939 aus Echt

69 Als Sühnopfer für den Frieden

Liebe Mutter, bitte, erlauben Sie mir, mich dem Herzen Jesu als Sühnopfer für den wahren Frieden anzubieten: daß die Herrschaft des Antichrist, wenn möglich, ohne einen neuen Weltkrieg zusammenbricht und eine neue Ordnung aufgerichtet werden kann. Ich möchte es heute noch, weil es die 12. Stunde ist. Ich weiß, daß ich ein Nichts bin, aber Jesus will es, und er wird gewiß in diesen Tagen noch viele andere dazu rufen.

Aus: Brief an Mutter Ottilia Thannisch OCD vom 26. 3. 1939 aus Echt

70 Bürgerrecht im Himmel

Es ist gut, daran zu denken, daß wir unser Bürgerrecht im Himmel haben und die Heiligen des Himmels zu Mitbürgern und Hausgenossen. Dann trägt man leichter an den Dingen *quae sunt super terram* [die auf der Erde sind].

Aus: Brief an Walter Warnach vom 14. 4. 1939 aus Echt

71 Böse Enttäuschung*

Meine Lieben, Ihr werdet froh sein, daß Rosa Euch nun mal ausführlich geschrieben hat. Es war eine böse Enttäuschung in Belgien. Hoffentlich gelingt es bald, alles zu ordnen. Wir haben sie gern hier, aber es ist doch nur ein Provisorium und sie sehnt sich danach, wieder in geregelte Tätigkeit zu kommen. Es ist gut, daß hier im Ländchen Limburg alles nahe beieinander ist, auch unser P. Provinzial leicht zu erreichen. Er ist seit Ende April im Amt, sein Vorgänger hatte den Sitz in Nordholland. Am 1. VII. war er zu einer Einkleidungsfeier bei uns, verlangte am Schluß, ein wenig allein mit mir zu sprechen. Ich benutzte die paar Minuten, um ihm von Rosas Mißgeschick zu erzählen. Er versprach sofort, für sie zu sorgen. Ein paar Stunden später überraschte sie selbst uns durch ihr unverhofftes Erscheinen. Wir haben sie dann gleich am Montag zu ihm nach Geleen geschickt zu persönlicher Vorstellung und Aussprache. Sie kam ganz glücklich zurück, weil ihr so viel Güte und Liebe noch nie begegnet sei. Aber was wir uns eingebrockt haben, kann er natürlich nicht ungeschehen machen. Wir müssen sehen, alles ins rechte Geleis zu bringen. Es bedarf allerhand Verhandlungen mit belgischen und holländischen Behörden. Das geht nicht so im Handumdrehen. Es ist aber doch nichts im Vergleich zu anderm Flüchtlingselend. Dann bin ich auch überaus dankbar, wenn ich Eure Berichte lese. Natürlich ist das Einleben in fremde Lebens-

verhältnisse für alle schwierig, aber wieviel besser seid Ihr daran als die meisten andern. Frieda ist so tapfer. Es ist doch sehr hart für sie, nun ganz allein zurückzubleiben. – Ich lege einige Marken für Ilse bei. Hier sind sehr dankbare Abnehmer für jede Art von Austausch. Über Eure literarische Beilagen habe ich mich sehr gefreut. P. Provinzial war übrigens lange Provinzial in Amerika, spricht und schreibt gern Englisch.
Alles, alles Gute und viele Grüße Eure B.

Aus: Brief an die Familie vom 14. 7. 1939 aus Echt

72 Hoffentlich kommt bald alles in Ordnung*

Meine Lieben, auch von mir herzlichste Grüße zu Euren Geburtstagen. Ich glaube, daß wir über Eure Lebensverhältnisse doch ganz gut im Bilde sind. Bis vor einigen Wochen bekamen wir die Briefe geschickt. Jetzt macht Frieda uns Auszüge. An der deutschen Grenze muß man doch immer mit Kontrolle rechnen. Darum sind 50 große Briefsendungen nicht ratsam. Eben habe ich Rosas Brief an Euch studiert und bei manchem lächeln müssen. Sie hätte täglich warmes Wasser haben können, wenn sie nur je ein Wörtchen gesagt hätte. Und auch zu einem Bad hätte ich ihr verhelfen können. Jetzt will ich schon für das Nötige sorgen. Ihr werdet Euch auch wundern, wieso sie mich manchmal sehen und manchmal hören kann, aber nur selten beides zusammen. Die Winde müßt Ihr Euch denken wie eine kleine Drehbühne. Dadurch werden alle Sachen hinaus- und hineingegeben, ohne daß man sich dabei sehen kann. Sichtbar bin ich, wenn ich Rosa das Tor zum Garten aufschließe. Das können wir nämlich durch ein Fenster tun. Der Garten ist für andere Leute auch nicht zugänglich. Für Rosa haben wir eigens bischöfliche Erlaubnis eingeholt, damit sie bei der Obsternte helfen kann. Wir haben mehr als unsere Hände bewältigen können. Rosa hat hier auch sonst viel geholfen und wird vermißt werden. Aber in

Roermond scheint sie noch nötiger zu sein. Hoffentlich kommt bald alles in Ordnung, damit sie endgültig weiß, wo sie hingehört.
Euch allen immer die herzlichsten Wünsche und Grüße Eure
Sr. Benedicta

Aus: Brief an die Familie vom 13. 8. 1939 aus Echt

73 Ob die Ereignisse unserer Tage Geschichte werden?*

Lieber Hans, wenn wir auch nicht wissen, ob und wann Euch dieser Gruß erreicht, so wollen wir doch den Versuch nicht unterlassen, zu Deinem 50. Geburtstag zu erscheinen. Was wäre das für eine Feier in Breslau gewesen! Auch jetzt werden wohl nicht weniger Menschen um Dich sein. Es ist doch ein großer Kreis von Verwandten und Bekannten da. Ich habe oft an Dich denken müssen in den letzten Monaten. Es wird Dir doch ebenso gehen wie mir: daß alle alten Kriegserinnerungen auftauchen und daß man den Gegensatz von jetzt und damals stark empfindet. Und es ist heute für uns nicht möglich, mit ungeteiltem Herzen die Ereignisse zu verfolgen. Daß ich Dir und allen unsern Lieben von ganzem Herzen alles Gute wünsche, weißt Du. Wir beiden werden den Tag im Geist mit Euch verbringen. Ganz besonders wünsche ich Dir, daß Erna bald wieder ganz gesund und leistungsfähig werden möchte. Ich weiß ja, wie sehr es Dich bedrückt, wenn sie nicht ganz auf der Höhe ist. Du erinnerst Dich sicher auch noch an die Zeit während Eurer Verlobung, als sie zur Erholung ins Gebirge mußte, an unsern gemeinsamen Weg vom Stadtgraben (wo ich damals bei Tante Bianca wohnte) zur Maxstraße oder von dort zur Michaelisstraße. Es ist erstaunlich, wie lange das alles schon her ist. Damals gab es noch gar keine kleinen Bibersteinchen, und heute sind es schon ganz große Leute und können es sich gar nicht vorstellen, daß wir mal so jung

waren wie sie. Für sie kommen jetzt die entscheidenden Jahre. Ich bin froh, daß der Druck von ihnen genommen ist, unter dem sie so lange gestanden haben. Ich möchte aber doch nicht, daß sie der alten Heimat ganz entfremdet würden. Dafür werdet Ihr ja auch sorgen. Ich fühle mich jetzt immer in die napoleonische Zeit versetzt und kann mir vorstellen, in welcher Spannung man damals an allen Enden Europas gelebt hat. Ob wir wohl noch erleben werden, daß die Ereignisse unserer Tage »Geschichte« werden? Ich habe großes Verlangen, all das einmal im Licht der Ewigkeit zu sehen. Denn das erkennt man doch immer klarer, wie blind wir für alles sind. Man staunt, wie verkehrt man vieles früher angesehen hat, und begeht doch im nächsten Augenblick wieder den Fehler, sich ein Urteil zu bilden, ohne daß man die nötigen Grundlagen dafür hat. Vielleicht stacheln Dich diese Aphorismen an, mich auch wieder einmal etwas von Deinen Gedanken wissen zu lassen. Es würde mich freuen, aber ich habe auch Verständnis dafür, wenn Du keine Zeit findest.
Nochmals alle herzliche Wünsche und Grüße für Dich und alle Lieben
Deine Benedicta

Aus: Brief an Hans Biberstein vom 17. 11. 1939 aus Echt

74 Aufenthaltserlaubnis – keine einfache Sache*

Meine liebe Erna, es ist wohl schon Zeit, an Deinen Geburtstag zu denken. Ich wünsche Dir vor allem den Frieden des Herzens, der auch die Nerven zur Ruhe bringt und dem ganzen Menschen über alle Berge hilft. Ich habe mich neulich sehr gefreut über das, was Hans schrieb. Die Freude über die Kinder wird auch Dir hoffentlich dazu helfen, die schwere Umstellung allmählich besser zu ertragen. Rosa hat neulich nur kurz erwähnt, daß sie jetzt die Aufenthaltserlaubnis bekommen hat. Das war aber keine einfache Sache. – Am 25. lief doch die örtliche Erlaubnis ab; in

den Wochen vorher wurde immer wieder vom Bürgermeisteramt hergeschickt, ob noch immer kein Bescheid vom Minister da sei; sie müsse sonst am 26. fort. Maria Delsing, unsere treue Freundin, hatte ja brieflich die Nachricht von ihrem Bekannten aus der 1. Kammer, daß der Justizminister mündlich die Genehmigung erteilt habe. Aber die letzte Stelle war das Außenministerium, und da lag die Sache fest. Es mußte wieder durch Expreßbrief und Telephonruf der Abgeordnete mobil gemacht werden. Und der brachte es fertig, daß am 21. der amtliche Bescheid hier ans Bürgermeisteramt kam. Nachträglich wurde uns gesagt, Rosa hätte sonst ins Flüchtlingslager gehen müssen. Auch jetzt ist die Erlaubnis auf Zeit und auf unser Haus eingeschränkt und muß monatlich erneuert werden. Und wir hätten sie gewiß nicht bekommen, wenn nicht unser Haus so gut angeschrieben wäre. Wie froh wäre ich, wenn auch für Frieda so viel zu erreichen wäre. Aber das geht von uns nicht; es fehlen dafür die notwendigen Voraussetzungen.
Nochmals alle herzlichen Wünsche für Dich und alle Lieben
Deine Benedicta

Aus: Brief an Erna Biberstein vom 4. 1. 1940 aus Echt

75 Staaten- und heimatlos

Nun kam gerade in den Tagen, als darüber abgestimmt wurde, die Verfügung der Besatzungsbehörden, die alle nichtarischen Deutschen in den Niederlanden für staatenlos erklärte und aufforderte, sich bis 15. 12. zur Emigration anzumelden. Wir – d. h. meine Schwester Rosa und ich – haben das getan, weil es unter schwerer Strafe befohlen war. Ich habe aber soeben ein Gesuch, uns weiteres Verbleiben im Echter Karmel zu gestatten und uns aus den Emigrantenlisten zu streichen, zum Tippen hinausgegeben. Falls es abgelehnt würde, müssen wir uns aber nach andern Möglichkeiten umsehen.

Unsere liebe Mutter würde uns am liebsten bei den Karmelitinnen vom göttlichen Herzen (Schwestern von Sittard) in einem ihrer Schweizer Häuser unterbringen, bis einmal eine Rückkehr möglich wird (?). Die Generaloberin lebt hier in Limburg, und die Anfrage an ihre Häuser in der Schweiz könnte durch sie gehen. Von Ihnen dagegen möchte ich gern erfahren, ob unter der Voraussetzung der Aufnahme in ein Kloster für uns Einreiseerlaubnis mit Visum zu erhalten wäre und an wen wir uns darum zu wenden hätten. Ich weiß ja, daß die Schweiz sehr dicht gegen Einwanderung abgeschlossen ist, und könnte mir denken, daß unter diesen besonderen Umständen eine Ausnahme gemacht würde.
Ein anderes Land kommt ja praktisch kaum noch in Frage. Wenn wir nicht auf diese Weise hinauskommen können, werden wir jedenfalls durch die Behörden verschickt werden. Eine meiner Schwestern, die immer noch in Breslau zurückgeblieben war, ist auf diese Weise in Schlesien in eine sogenannte »Jüdische Wohngemeinschaft« gekommen. Sie lebt dort mit 11 andern Damen aus den besten Breslauer Kreisen zusammen in einer großen Dachkammer, und hat acht Stunden täglich Arbeitsdienst. Nähen und Kartoffel schälen. Sie trägt es sehr tapfer und natürlich würden wir uns in ein ähnliches Los fügen, wenn es sein müßte.

Aus: Brief an Dr. Hilde Vérène Borsinger vom 31. 12. 1941 aus Echt

76 Berichte von Greueltaten an Juden

Der Mann begann ein Gespräch mit mir und erzählte, was amerikanische Zeitungen von Greueltaten berichteten, die an Juden verübt worden seien. Es waren unverbürgte Nachrichten, ich will sie nicht wiederholen. Es kommt mir nur auf den Eindruck an, den ich an diesem Abend empfing. Ich hatte ja schon vorher von scharfen Maßnahmen gegen die Juden gehört.

Aber jetzt ging mir auf einmal ein Licht auf, daß Gott wieder einmal schwer Seine Hand auf Sein Volk gelegt habe und daß das Schicksal dieses Volkes auch das meine war. Ich ließ den Mann, der mir gegenüber saß, nicht merken, was in mir vorging. Offenbar wußte er nichts von meiner Abstammung. Ich habe meist in solchen Fällen die entsprechende Aufklärung gegeben. Diesmal tat ich es nicht. Es wäre mir wie eine Verletzung des Gastrechts erschienen, wenn ich jetzt durch eine solche Mitteilung seine Nachtruhe gestört hätte.

Aus: Teresia Renata Posselt, Edith Stein (1938)

77 Ein Segen, aber keine Hilfe

Meine Erkundigungen in Rom ergaben, daß ich wegen des großen Andrangs keine Aussicht auf eine Privataudienz hätte. Nur zu einer »kleinen Audienz« (d. h. im kleinen Kreis) könnte man mir verhelfen. Damit war mir nicht gedient. So verzichtete ich auf die Reise und trug mein Anliegen schriftlich vor. Ich weiß, daß mein Brief dem Heiligen Vater versiegelt übergeben worden ist; ich habe auch einige Zeit danach seinen Segen für mich und meine Angehörigen erhalten. Etwas anderes ist nicht erfolgt. Ich habe später oft gedacht, ob ihm nicht dieser Brief noch manchmal in den Sinn kommen mochte. Es hat sich nämlich in den folgenden Jahren Schritt für Schritt erfüllt, was ich damals für die Zukunft der Katholiken in Deutschland voraussagte.

Aus: Teresia Renata Posselt, Edith Stein (1938)

78 Mein Anteil an der Kreuzeswissenschaft

Ich möchte in der Angelegenheit meiner Stabilität nun gar nichts mehr tun. Ich lege sie Ihnen in die Hände und überlasse es Ihnen, ob Sie die Schwestern, Pater Provinzial oder Vater Bischof für eine Entscheidung heranziehen wollen. Ich bin mit allem zufrieden. Eine *scientia crucis* [Kreuzeswissenschaft] kann man nur gewinnen, wenn man das Kreuz gründlich zu spüren bekommt. Davon war ich vom ersten Augenblick an überzeugt und habe von Herzen: *Ave, Crux, spes unica!* [Sei gegrüßt, Kreuz, unsere einzige Hoffnung] gesagt.

Aus: Brief an Mutter Ambrosia Antonia Engelmann OCD vom Dezember 1941 aus Echt

79 Ein bißchen Hoffnung

Ihnen und der lieben Schwester Electa herzlichen Dank für die so lieben Briefe, und allen lieben Schwestern für die schwesterliche Teilnahme und die wirksame Gebetshilfe. Wir sind natürlich sehr dankbar, daß wir wenigstens bis auf weiteres bleiben dürfen (von den Menschen aus gesehen heißt es: nicht fortkommen). Das »Weitere« hängt nun ganz von der Gestaltung der allgemeinen Verhältnisse ab – ein Grund mehr, in den großen allgemeinen Anliegen unermüdlich zu beten. Das tun wir ja gewiß vereint. Denkt auch, bitte, daran, daß wir noch eine Einladung nach Amsterdam zu erwarten haben, die wir nicht ablehnen dürfen. Dann geht es nicht zu dem wohlwollenden Joodsen Raad, sondern zu den S.S. Aber auch das läßt man sich gefallen, wenn man nachher in Ruhe gelassen wird. Wir haben noch ein bißchen Hoffnung, daß man es mit uns nicht eilig haben wird, weil aus unsern Fragebogen zu ersehen ist, daß bei uns nichts zu holen ist. Jedenfalls vertrauen wir für alles, was noch kommen kann, auf Euer Gebet.

Gestern kam mir vor dem Bildchen des Prager Jesulein auf einmal der Gedanke, daß es ja den kaiserlichen Krönungsstaat trägt und sicherlich nicht zufällig gerade in Prag mit seiner Wirksamkeit zum Vorschein gekommen ist. Prag ist ja doch Jahrhunderte hindurch der Sitz der alten deutschen bzw. *römischen* Kaiser gewesen und macht einen so majestätischen Eindruck, daß sich keine andere Stadt, die ich kenne, damit messen kann, auch Paris und Wien nicht. Das Jesulein kam gerade, als es mit der politischen Kaiserherrlichkeit in Prag zu Ende ging. Ist es nicht der *heimliche Kaiser,* der einmal aller Not ein Ende machen soll? Es hat ja doch die Zügel in der Hand, wenn auch die Menschen zu regieren meinen.

Aus: Brief an Mutter Johanna von Weersth OCD vom 2. 2. 1942 aus Echt

80 Unsichere Situation

Menschlich gesprochen sind meine Schwester Rosa und ich in einer etwas unsicheren Situation. Aber soviel man weiß, wird es keine Veränderung vor Ende des Krieges geben. Wir überlassen alles vertrauensvoll der Vorsehung und gehen ruhig unseren Pflichten nach.

Aus: Brief an Sr. Agnella Stadtmüller OP vom 7. 4. 1942 aus Echt

81 Die letzte Chance*

Liebe, ehrwürdige Mutter, heute haben wir Ihren so guten Brief erhalten. Ich danke Ihnen von ganzem Herzen dafür, daß Sie mich als Mitglied in Ihre liebe Familie aufnehmen wollen – Ihnen und allen Ihren lieben Schwestern. Ich kann Ihnen gar nicht sagen, wie mich Ihre Güte und noch mehr die Güte des lieben Gottes berührt. Sie werden es noch besser verstehen, wenn Sie

die Geschichte unseres Lebens und die unserer Familie gehört haben. Wir werden jetzt tun, was wir können, um die Erlaubnis zu bekommen, die Niederlande zu verlassen. Aber es wird wahrscheinlich viel Zeit in Anspruch nehmen – Monate, wie ich vermute. Ich muß mich mit diesen Worten begnügen. Unsere liebe, ehrwürdige Mutter und meine Schwester Rosa fügen einige Zeilen bei. Noch einmal vielen Dank, liebe, ehrwürdige Mutter, und den Ausdruck meiner großen Liebe zu Jesus Christus.
Ihre kleine und demütige Sr. Teresia Benedicta a Cruce

Aus: Brief an die Priorin des Karmel in le Pâquier/Schweiz vom 24. 7. 1942 aus Echt

Wirklich, liebe, ehrwürdige Mutter, es wäre leichter gewesen, die zwei (Schwestern) zu Grabe zu tragen. Wir danken Euch allen herzlich für Eure liebevolle Anteilnahme. Ich kann alles nur kurz erzählen. Innerhalb von zehn Minuten war alles abgelaufen. Es war am Abend, nach dem ›Veni Sancte Spiritus‹ (zu Beginn der Meditationsstunde) . . . Wir hatten gerade unseren monatlichen Einkehrtag. Sr. Benedicta (Edith Stein) hat fast unaufhörlich vor dem Tabenakel gekniet.
Ihr letzter Liebesdienst war, daß sie herumging, um das Weihwasser in den Gemeinschaftsräumen nachzufüllen. Sie kam auch noch in unsere Zelle und sprach mit mir über die Nachfolgerin von Rosa (als Pfortenschwester). Das war unser letztes Gespräch. Wir ahnten nichts von dem drohenden Unheil . . .

Sr. Maria Antonia a Spiritu Sancto, Priorin

Aus: Brief an die Priorin des Karmel in le Pâquier/Schweiz über die Verhaftung Edith und Rosa Steins vom 26. 8. 1942 aus Echt

82 Wir sind ganz ruhig und fröhlich

Heute nacht sind wir von der Durchgangsstadion A. (Amersfort) aufgebrochen und früh hier gelandet. Hier sind wir sehr freundlich empfangen worden. Man will alles tun, damit wir freikommen oder mindestens hier bleiben dürfen. Es sind alle Katholiken zusammen und hier im Schlafsaal alle Klosterfrauen (2 Trappistinnen, 1 Dominikanerin); Ruth (Kantorowicz), Alice (Reis), Dr. Meirowsky u. a. Auch die zwei Trappistenpatres von T. sind bei uns. Es wird auf alle Fälle nötig sein, daß Ihr unsern Personalausweis schickt, unsere Stammkarten und Brotkarten. Wir haben bisher ganz von der Mildtätigkeit der andern gelebt. Wir hoffen, daß Ihr die Adresse des Konsuls gefunden und Euch mit ihm in Verbindung gesetzt habt. Wir haben vielen Nachricht an Euch aufgetragen. Auch die beiden lieben Kinder von Koningsbosch (Annemarie und Elfriede Goldschmidt) sind bei uns. Wir sind ganz ruhig und fröhlich. Natürlich bisher keine Messe und Kommunion; kommt vielleicht später. Nun kommen wir ein bißchen dazu zu erfahren, wie man rein von innen her leben kann. Innigste Grüße an alle. Wir schreiben wohl bald wieder.
In Corde Jesu Eure B.

Wenn Ihr schreibt, dann bitte nicht erwähnen, daß Ihr dies bekommen habt.

Aus: Brief an Mutter Ambrosia Antonia Engelmann OCD vom 4. 8. 1942 aus KZ Westerbork

83 Morgen früh geht ein Transport

Eine R. K. Schwester von A. will heute mit dem Konsul sprechen. Hier ist jedes Gesuch für katholische Volljuden seit gestern untersagt. Von außen kann noch etwas versucht werden, aber mit äußerst wenig Aussicht. Es besteht die Absicht, am Freitag einen

Transport abgehen zu lassen. Könnt Ihr wohl nach Venlo, Kaldenkerkeweg 185 an Mère Claire um unser Manuskript schreiben, falls sie es noch nicht geschickt hat. Wir vertrauen auf Euer Gebet. Es sind hier so viele Menschen, die etwas Trost brauchen, und sie erwarten ihn von den Schwestern. [...]
Eine Klostermutter ist gestern abend mit Koffern für ihr Kind angekommen und will jetzt Briefchen mitnehmen. Morgen früh geht ein Transport (Schlesien oder Tschechoslowakei??).
Das Notwendigste ist: wollene Strümpfe, zwei Decken. Für Rosa alles warme Unterzeug und was in der Wäsche war, für beide Handtücher und Waschlappen. Rosa hat auch keine Zahnbürste, kein Kreuz und Rosenkranz. Ich hätte auch gern den nächsten Brevierband (konnte bisher herrlich beten). Unsere Identitätskarte, Stamm- und Brotkarten.
Tausend Dank, Grüße an alle, Euer dankbares Kind

Aus: Briefe an Mutter Ambrosia Antonia Engelmann OCD vom 5. 8. 1942 und vom 6. 8. 1942 aus KZ Westerbork

84 Testament*

Nach der Vorschrift unserer Satzung habe ich vor meiner ersten hl. Profeß (21. IV. 1935) ein Testament gemacht. Es wurde im Kölner Karmel mit den übrigen verwahrt. Vor meiner Versetzung nach Echt, im Dezember 1938, habe ich es im Einverständnis mit der lieben Mutter Teresia Renata de Spiritu Sancto, Priorin des Kölner Karmel, vernichtet. Es hätte an der Grenze Schwierigkeiten verursachen können. Ohnehin war es durch die Änderung der Verhältnisse hinfällig geworden.
Dieses Schreiben mag nun an Stelle eines Testamentes gelten. Ich habe zwar kaum noch etwas, worüber zu verfügen wäre. Aber im Falle meines Todes könnte es den lieben Vorgesetzten angenehm sein, meine Ansicht zu wissen.
Die mitgebrachten Bücher, soweit sie nicht rein wissenschaftlich und für die Schwestern unnütz sind, möchte ich natürlich am

liebsten dem Hause hinterlassen. Die wissenschaftlichen Bücher würden gewiß bei unsern Patres, den Trappisten oder Jesuiten mit Freuden als Geschenk angenommen. Die Manuskripte bitte ich, durchzusehen und nach Gutdünken zu vernichten, in die Bibliothek aufzunehmen oder als Andenken zu verschenken. Die Familiengeschichte bitte ich, nicht zu veröffentlichen, solange meine Geschwister leben, und ihnen auch nicht zu übergeben. Nur Rosa dürfte Einblick gewährt werden und nach dem Tode der anderen ihren Kindern. Über die Veröffentlichung soll auch dann der Orden entscheiden. Es sind zwei Manuskripte von ausländischen Studienfreunden dabei. Sollten sie bei meinem Tode noch nicht abgeholt sein, so würde ich bitten, sie an die Eigentümer zurückzusenden und ein kleines handschriftliches Andenken beizufügen. Die Adressen sind:

– Dr. Winthrop Bell, Chester, Nova Scotia, Canada.

– Prof. Dr. Roman Ingarden, Lwóv (= Lemberg), Polen, Jabłonowskie 4

Die Manuskripte sind mit diesen Namen auf dem Umschlagpapier bezeichnet. Sollte bei meinem Tode das Buch »Endliches und ewiges Sein« noch nicht veröffentlicht sein, so würde ich den Hochwürdigen P. N. Provinzial bitten, für den Abschluß des Druckes und die Veröffentlichung gütigst Sorge zu tragen. Zu diesem Zwecke füge ich eine Abschrift des Verlagsvertrags bei. Da er vom Kölner Karmel geschlossen wurde, wäre für den Abschluß eines neuen wohl die Zustimmung des Kölner Karmel ebenso wie die des Verlegers Otto Borgmeyer in Breslau erforderlich.

Ich danke meinen lieben Vorgesetzten und allen lieben Mitschwestern von ganzem Herzen für die Liebe, mit der sie mich aufgenommen haben, und für alles Gute, das mir in diesem Hause zuteil wurde.

Schon jetzt nehme ich den Tod, den Gott mir zugedacht hat, in vollkommener Unterwerfung unter Seinen heiligsten Willen mit Freuden entgegen. Ich bitte den Herrn, daß Er mein Leben und Sterben annehmen möchte zu seiner Ehre und Verherrlichung, für alle Anliegen der heiligsten Herzen Jesu und Mariä und der

Heiligen Kirche, insbesondere für die Erhaltung, Heiligung und Vollendung unseres heiligen Ordens, namentlich des Kölner und des Echter Karmels, zur Sühne für den Unglauben des jüdischen Volkes und damit der Herr von den Seinen aufgenommen werde und sein Reich komme in Herrlichkeit, für die Rettung Deutschlands und den Frieden der Welt, schließlich für meine Angehörigen, Lebende und Tote und alle, die mir Gott gegeben hat: daß keines von ihnen verloren gehe.
Am Freitag in der Fronleichnamsoktav, 9. Juni 1939, dem 7. Tag meiner Hl. Exerzitien.
In nomine Patris et Filii et Spiritus Sancti.
Sr. Teresia Benedicta a Cruce O.C.D.

Aus: Andrés Bejas, Edith-Stein – Von der Phänomenologie zur Mystik (1939)

Zweiter Teil
Die Botschaft vom Leben aus der Tiefe

VI Der ganze Mensch

Sie vereinigte in ungewöhnlicher Weise beides: den klaren, eindringlichen Verstand und die lebendige Bewegtheit des Gefühles. Philosoph und Benediktiner aus Beuron Daniel Feuling

Die an letzter personaler Stelle bei ihr vorhandene vollkommene Unbeirrbarkeit ihres Tuns und Leidens, diese unerschütterliche Tapferkeit, dieses unverwandte nur auf ein einziges Ziel zustreben – das war Edith Stein ... Innerhalb des Rahmens ihrer Leistungsfähigkeit war immer alles parat bei ihr, alles in aktueller Gegenwärtigkeit gegeben. Es war wirklich, als wenn sie sich nicht in ihren Leistungen verbrauchte. Ich kann mich nicht erinnern, sie je müde gesehen zu haben, wenn auch oft ungemein leidend und elend. Phänomenologin Hedwig Conrad-Martius

85 Wir stehen an einem Wendepunkt*

Meine liebe Erna, herzlichen Dank für Deinen Brief und ebenso Rose für ihren und das Päckchen (vergiß nicht, ihr das auszurichten). Ich bitte Dich sehr, Dich jetzt soviel Du kannst um Rose zu kümmern. Es ist doch das Schlimmste, was sie treffen konnte. Natürlich ist es ein *großer* Unterschied, ob ein natürlicher Tod oder ein freiwilliger (wie ich fast sicher glaube) vorliegt. Für ihn macht es *jetzt* freilich nichts mehr aus. Aber vorher bedeutet es doch sehr viel, ob ihm die Erlösung – das war ihm ja der Tod ohne Zweifel – als ein schönes Geschenk kam oder ob er sich bis zum letzten Moment seelisch unsagbar quälen mußte. Und entsprechend härter ist es für uns. Aber man muß auch das tragen und zu verstehen suchen, wozu es gut ist. Es tut mir wirklich weh, bei Dir und bei Rose so ausgesprochen pessimistische Wendungen zu finden. Ich möchte Euch etwas von dem einflö-

Um 1913, nachdenklich und wißbegierig als Studentin

ßen, was mir nach jedem neuen Schlage wieder frische Kraft gibt. Ich kann nur sagen, daß ich nach allem, was ich im letzten Jahr durchgemacht habe, das Leben stärker bejahe als je. Ich schicke Dir einen Aufsatz von Rathenau, damit Du siehst, daß andere Leute ähnlich über die Kriegsaussichten denken wie ich. Ich glaube wirklich manchmal, man muß sich mit dem Gedanken vertraut machen, daß man das Ende des Krieges – nicht erlebt. Und man darf auch dann nicht verzweifeln. Man muß sich nur nicht auf das Stückchen Leben beschränken, das man selbst übersieht, und gar auf das, was deutlich greifbar an der Oberfläche liegt. Es ist doch ganz sicher, daß wir an einem Wendepunkt in der Entwicklung des menschlichen Geisteslebens stehen, und man darf sich nicht beklagen, wenn die Krisis länger dauert als es dem einzelnen nach seinem Ermessen bekömmlich ist. Alles, was jetzt so schrecklich ist und was ich gewiß nicht beschönigen will, das ist der Geist der überwunden werden muß. Aber der neue Geist ist bereits da, und er wird sich zweifellos durchsetzen. Wir haben ihn ganz sichtbar in der Philosophie und in den Anfängen einer neuen Kunst, im Expressionismus. Und so gewiß hier Materialismus und Naturalismus überwunden sind, so gewiß werden sie es – wenn auch langsam und unter schmerzlichen Kämpfen – auf allen andern Lebensgebieten. Man spürt den Willen dazu ja auch in den politischen und sozialen Kämpfen, in denen ja die treibenden Motive ganz andere sind als die abgestandenen Schlagworte, die die Leute dafür halten. Gutes und Böses, Erkenntnis und Irrtum sind auf *allen* Seiten gemischt, und jeder sieht auf seiner Seite nur das Positive und bei den andern nur das Negative. Die Völker wie die Parteien. Das wirbelt nun alles entfesselt durcheinander, und wer will wissen, wann wieder etwas Ruhe und Klarheit eintreten wird. Jedenfalls ist das Leben viel zu kompliziert als daß man ihm mit einem noch so klug erdachten Weltverbesserungsplan zu Leibe rücken und ihm nun endgültig und eindeutig vorschreiben könnte, wie es zu gehen hat. Du merkst wohl, daß das nicht gegen Dich gerichtet ist. Du wirst mir ja so ziemlich zustimmen. Nur den Glauben möchte ich Dir beibringen, daß die Entwicklung, deren Gang wir nur in sehr

bescheidenen Grenzen vorausahnen und in noch viel bescheideneren Grenzen mitbestimmen können, letzten Endes eine gute ist.
Morgen will ich Marta abholen, um mit ihr die Tour Blasien – Belchen – Todtnau – Herzogenhorn – Feldberg – Titisee zu machen.
Herzliche Grüße und Küsse, Deine Edith

Aus: Brief an die Schwester Erna Stein (später Biberstein) vom 6. 7. 1918 aus Freiburg

86 Das »Selbst« und die Person

Ich kann selbst ungläubig sein und doch verstehen, daß ein anderer alles, was er an irdischen Gütern besitzt, seinem Glauben opfert. Ich sehe, daß er so handelt und fühle ihm als Motiv seines Handelns ein Wertnehmen ein, dessen Korrelat mir nicht zugänglich ist, und schreibe ihm eine personale Schicht zu, die ich selbst nicht besitze. So gewinne ich einfühlend den Typ des »homo religiosus«, der mir wesensfremd ist, und ich verstehe ihn, obwohl das, was mir dort neu entgegentritt, immer unerfüllt bleiben wird. Wenn andre wiederum ihr Leben ganz auf den Erwerb materieller Güter einstellen, die ich gering achte, und alles andre dahinter zurücktreten lassen, so sehe ich, daß ihnen höhere Wertbereiche verschlossen sind, in die ich Einblicke habe, und ich verstehe auch sie, obwohl sie einem andern Typ angehören. Wir sehen jetzt, mit welchem Recht Dilthey sagen kann: »das auffassende Vermögen, welches in den Geisteswissenschaften wirkt, ist der ganze Mensch«: nur wer sich selbst als Person, als sinnvolles Ganzes erlebt, kann andre Personen verstehen. Und wir verstehen ebensogut, warum Ranke sein Selbst »auslöschen« möchte, um die Dinge zu sehen, »wie sie gewesen sind«. Das »Selbst« ist die individuelle Erlebnisstruktur; in ihr erkennt der große Meister des Verstehens die Täuschungsquelle, von der uns Gefahr droht. Wenn wir sie als Maßstab nehmen,

dann sperren wir uns ein ins Gefängnis unserer Eigenart; die andern werden uns zu Rätseln oder, was noch schlimmer ist, wir modeln sie um nach unserem Bilde und fälschen so die historische Wahrheit.

Aus: Zum Problem der Einfühlung 1914–16.

87 Sprache

[Der doppelte] Sinn der Sprache: zum Ausdruck bringen, was in der Seele lebt, und sich dadurch andern mitteilen; und damit ein Weg zur Befreiung der Seele und des Geistes. Sich angemessen ausdrücken zu können, ist also etwas, was wesentlich zu vollendetem Menschentum gehört. [. . .]
Wenn man den wesentlichen Sinn der Sprache erfaßt hat, dann weiß man, daß Sprechen eine Verantwortung auf sich nehmen bedeutet und daß man vor Worten Ehrfurcht haben muß. Immer enthüllt das Wort die eigene Seele, ob es will oder nicht. Als ausgereifte Frucht löst es sich aus ihrem Innersten los und gibt Kunde von ihrer inneren Arbeit; oder als hemmungsloser Ausbruch verrät es ihre Gärungen und Stürme; gedankenlos dahergeredet zeugt es von oberflächlichem Getriebe. Und immer bedeutet es ein Eingreifen in fremde Seelen. Es kann sie bereichern, befruchten, emporführen; es kann sie verletzen und in sich zurückschrecken.

Aus: Die Frau (1928–1932)

88 »Wissenschaftliche« Weltanschauung

In den letzten Jahrzehnten, ja eigentlich schon seit der Aufklärungszeit, war es in den Kreisen der sogenannten *Gebildeten* der höchste Ehrgeiz eine *wissenschaftliche Weltanschauung* zu besit-

zen. Was darunter zu verstehen ist, haben sich diejenigen, die darauf Anspruch erhoben, wohl nicht recht klargemacht, sonst hätte es ihnen fraglich werden müssen, ob es so etwas überhaupt geben könne. Wenn die Weltanschauung auf den Charakter der Wissenschaftlichkeit berechtigten Anspruch erheben wollte, so müßte sie entweder selbst Wissenschaft sein oder aus einer Wissenschaft stammen oder aus allen Wissenschaften zusammen. Es gibt aber nicht *eine* neben den andern, die das gesamte Weltall zu erforschen hätte. Es ist vielmehr wesentlich für die Wissenschaft als solche, daß sie sich in Einzelwissenschaften zur Erforschung einzelner Gegenstandsgebiete verzweigt und sich um so mehr spezialisiert, je wissenschaftlicher sie wird. Es kann also keine einzelne Wissenschaft ein geschlossenes Weltbild geben und die wissenschaftliche Weltanschauung kann demnach weder selbst eine Wissenschaft sein, noch aus *einer* Wissenschaft ihr Weltbild entnehmen. Wenn also die wissenschaftliche Weltanschauung überhaupt darauf Anspruch erhebt, ein geschlossenes Weltbild zu geben, so wird sie dafür aus allen Wissenschaften Bausteine zusammentragen müssen.

Aus: Welt und Person (1932)

89 Die Intellektuellen und das Volk

Jene Berufe, die den theoretisch Gebildeten mitten ins Volk stellen, sind die gegebenen Stellen für die Arbeit am Volk. Auf der andern Seite möchte ich behaupten: Solche Männer werden um so eher ihren Führerberuf erfüllen können, je weniger sie vom Typus des Intellektuellen an sich haben. Ein wenig nehmen wir ja alle davon an, wenn wir auf der Universität leben. Das wäre kein rechter Student, dem nicht die theoretischen Fragen brennend wären, der sich nicht Tag und Nacht mit seinen Problemen herumschlüge. Aber wir müssen uns darüber im klaren sein, daß uns diese Einstellung von der großen Menge absondert. Draußen

kämpft man mit der Not des Lebens in ihren unzähligen Gestalten. Und sobald wir hinauskommen, tritt sie an uns heran. Gerade in diesen praktischen akademischen Berufen haben wir mit ihr zu tun, wir sind unter Menschen gestellt, denen wir Helfer in der Not sein sollen. Dann dürfen sie uns nicht als fremdartige Wesen empfinden, die in einer ihnen unzugänglichen Welt leben. Wir müssen gleich ihnen denken, fühlen und sprechen können, wenn sie ein Herz zu uns fassen sollen. Nur dann können wir ihnen helfen, schließlich vielleicht auch dazu helfen, daß sie aus der Enge des sie bedrängenden Daseins hinaus in ein freies geistiges Reich hineinwachsen. Täuschen wir uns nicht darüber hinweg: Die Kluft ist da, und wir können sie uns kaum weit und tief genug denken, wenn wir den Problemen der Volksbildung und Volksführung ehrlich und unbefangen ins Auge sehen wollen. Natürlicherweise ist das Volk am ehesten geneigt, denen als Führern anzuhängen, die aus seiner Mitte hervorgegangen sind und einen Platz auf den Höhen erklommen haben, ohne die Fühlung mit denen in der Tiefe zu verlieren: man traut ihnen zu, daß sie noch ein Herz für den Mann aus dem Volk haben und wissen, wo ihn der Schuh drückt. Das ist die Erklärung für den Einfluß der Sozialistenführer, die von unten aufgestiegen sind. Wen die glatten, wohlgepflegten Hände und die leichten, elastischen Bewegungen als einen verraten, der keine schwere körperliche Arbeit kennt, wer zum Volk in der flüssigen, abgeschliffenen Sprache der »Gebildeten« redet, wer über die harten Realitäten des täglichen Lebenskampfes unbekümmert hinwegfliegt, der ist von vornherein verdächtig. Und auch hoher Opferwille und große Begeisterung für das Wohl des Volkes vermögen die Schranken oft nicht zu durchbrechen.

Nur dann wird der Intellektuelle den Weg zum Volk finden – und ohne das kann er es nicht führen –, wenn er in gewissem Sinne vom Intellekt frei wird. Das heißt nicht, daß man ihn verleugnen und preisgeben sollte. Er ist eine Gottesgabe, die wir brauchen, und das nicht nur für uns, sondern auch und gerade für die, von denen er uns trennt. Aber er muß sich seiner Grenzen klarwerden und dadurch demütig werden. Überwiegende Verstandestätig-

keit, wenn es rein natürliche Verstandestätigkeit ist, pflegt zu einem gewissen Verstandesdünkel zu führen. Man fühlt sich auf den reinen Höhen der Abstraktion erhaben über das Profanum vulgus, das in den Niederungen der gemeinen Lebensbedürfnisse befangen ist. Und gerade dieser Dünkel, auch wenn er nicht offen zur Schau getragen wird und vielleicht gar nicht einmal bewußte Überzeugung ist, wird von den anderen gespürt und stößt ab.

Aus: Wege zur inneren Stille (1931)

90 Künstler – dem Kind und dem Heiligen verwandt

In der ungebrochenen Kraft der Eindrucksfähigkeit ist der Künstler dem Kinde und dem Heiligen verwandt. Aber – im Gegensatz zur *heiligen* Sachlichkeit – ist es eine Eindrucksfähigkeit, die die Welt im Licht eines bestimmten Wertbereiches – und leicht auf Kosten anderer – sieht. Dem entspricht eine eigentümliche Art des antwortenden Verhaltens. Es ist dem Künstler eigen, daß das, was ihn innerlich berührt, sich in ihm zum Bild gestaltet und auch von ihm nach außen gestaltet zu werden verlangt. Bild ist hier nicht auf den Bereich des Anschaulichen und der bildenden Kunst beschränkt; es ist jegliches künstlerische Gebilde darunter zu verstehen, auch das dichterische und musikalische. Es ist zugleich Bild, in dem etwas zur Darstellung kommt, und Gebilde als ein Gebildetes und in sich Geschlossenes, zu einer eigenen kleinen Welt gerundetes. Jedes echte Kunstwerk ist überdies Sinnbild, gleichgültig ob es das nach der Absicht des Künstlers sein soll oder nicht, ob er Naturalist oder Symbolist ist. Sinnbild, d. h. es ist aus der unendlichen Fülle des Sinnes, in die jede menschliche Erkenntnis vorstößt, etwas darin erfaßt und ausgesprochen und spricht daraus; und zwar so, daß die gesamte Sinnfülle, die für alle menschliche Erkenntnis unerschöpflich ist, geheimnisvoll darin anklingt. So verstanden ist alle echte Kunst

Offenbarung und alles künstlerische Schaffen heiliger Dienst. [. . .]

Dennoch bleibt es wahr, daß in der künstlerischen Veranlagung eine Gefahr liegt, und nicht nur dann, wenn der Künstler für die Heiligkeit seiner Aufgabe kein Verständnis hat. Es ist die Gefahr, daß er es beim Gestalten des Bildes bewenden läßt, als ob es für ihn keine anderen Forderungen gäbe. Was gemeint ist, läßt sich gerade am Beispiel des Kreuzbildes besonders deutlich zeigen. Es wird kaum einen gläubigen Künstler geben, der sich nicht gedrängt fühlte, einen Christus am Kreuz oder den Kreuztragenden zu gestalten. Aber der Gekreuzigte verlangt auch vom Künstler mehr als ein solches Bild. Er fordert von ihm wie von jedem Menschen die Nachfolge: daß er sich selbst zum Bild des Kreuztragenden und Gekreuzigten gestalte und gestalten lasse. Das Gestalten nach außen kann ein Hindernis für die Selbstgestaltung sein, muß es aber durchaus nicht sein; es kann sogar der Selbstgestaltung dienen, weil das innere Bild selbst erst mit der Gestaltung des äußeren völlig ausgeformt und innerlich angeeignet wird; damit wird es, wenn kein Hindernis in den Weg tritt, zur inneren Form, die zur Auswirkung im Tun, d. h. auf den Weg der Nachfolge drängt. Ja, auch das äußere Bild, das selbstgeschaffene, kann immer erneut als Ansporn zur Selbstgestaltung in seinem Sinne dienen.

Aus: Kreuzeswissenschaft (1941–1942)

91 Die Idee und das Ziel

Die *Idee* leuchtet dem Künstler auf, zieht ihn an, läßt ihm keine Ruhe und drängt ihn zum Schaffen. Und so scheint auch von dem, was als Ziel und Vollendung über dem Lebewesen steht, ein »Zug« auszugehen, der seine Entwicklung lenkt. Beim reifen Menschen, ja schon vom Erwachen der Vernunft an, kann dieser Zug gespürt werden: das Bild dessen, was man werden soll, kann

mehr oder minder deutlich erfaßt und das freie Verhalten danach gerichtet werden (in Vollkommenheitsstreben und Selbsterziehung).

Aus: Endliches und ewiges Sein (1935–1936)

92 Der Dichter

Der echte Dichter hat die Gabe, lebenswahre Gestalten zu »schaffen«. Dies Schaffen ist allerdings eigener Art. Es ist keineswegs »frei« im Sinne selbstherrlicher Willkür. Je echter und größer die Kunst, desto mehr gleicht es wohl einem Empfangen und Gebären, desto weniger hat es von werkmeisterlichem Zusammenfügen. Das »Gebilde« hat sein eigenes inneres Aufbaugesetz, unter das sich der »Meister« beugen muß, wenn es ein Kunstwerk, nicht ein »Machwerk« werden soll. Die Gestalten haben ihr eigenes Wesen, und es »entfaltet sich« vor seinen Augen. Er muß ihnen »zuschauen«, wie sie sich in dieser oder jener Lage »benehmen«.

Aus: Endliches und ewiges Sein (1935–1936)

93 Konflikte zwischen Staat und Kirche

Die größten Konflikte haben zu verschiedenen Zeiten zwischen Staat und Kirche stattgefunden: jene Konflikte, die wir als Kulturkampf bezeichnen. Sie sind gewöhnlich hervorgerufen durch die Übersteigerung der staatlichen Machtansprüche und Eingriffe in das universale Lehrmandat und Erziehungsrecht der Kirche. Daß aber dieses universale Recht von menschlichen Vertretern der Kirche in verkehrter Weise ausgeübt werden kann und dadurch Konflikte hervorgerufen oder verschärft werden können, ist nicht zu leugnen.

Aus: Die Frau (1928–1932)

94 Das Erste und das Hinzukommende

Der rechtliche Aufbau erschöpft das Wesen der Kirche nicht, ist auch nicht ihr eigentlicher Wesenskern. Man hat sie freilich lange Jahre hindurch vorwiegend von dieser Seite her gesehen, und Außenstehende tun es noch heute. Aber bei den Theologen unserer Zeit und auch im schlichten Glaubensleben ist wieder die paulinische Auffassung des »Haupt und Leib – ein Christus« zum Durchbruch gekommen. Das besagt, daß die Kirche nicht eine willkürlich, künstlich, von außen her gestaltete »Einrichtung« ist, sondern ein lebendiges Ganzes. Ähnlich wie beim Staat in der Regel auch die lebendig erwachsende Volksgemeinschaft das Erste ist, die staatliche Form und Ordnung das Hinzukommende, der äußere Abschluß und die willentliche Bestätigung dessen, was natürlich gewachsen ist.

Aus: Endliches und ewiges Sein (1935–1936)

95 Die Einheit aus der Vielfalt

Die Frage, ob Orden oder freier Verband oder auch ganz einsames Leben im Dienste Gottes steht, läßt sich nicht allgemein lösen, sondern nur für jeden persönlich. Die Mannigfaltigkeit der Orden, Kongregationen und freien Verbände ist kein Zufall und keine Verirrung, sondern entspricht der Mannigfaltigkeit der Zwecke und der Menschen.
Ein Leib – aber viele Glieder. *Ein* Geist – aber viele Gaben.

Aus: Brief an Rose Magold vom 30. 8. 1931 aus St. Magdalena

96 Das Kirchenrecht und die neue Position der Frau

Im heutigen Kirchenrecht kann zweifellos von einer Gleichstellung der Frau mit dem Mann nicht die Rede sein, da sie von allen geweihten Ämtern der Kirche ausgeschlossen ist. [. . .] Der heutige Stand ist eine Verschlechterung gegenüber den Frühzeiten der Kirche, in denen Frauen amtliche Funktionen als geweihte Diakonissen hatten. Die Tatsache, daß hier eine allmähliche Umbildung erfolgt ist, zeigt die Möglichkeit einer Entwicklung in entgegengesetztem Sinn. Und das kirchliche Leben der Gegenwart weist darauf hin, daß wir eine solche Entwicklung zu erwarten haben, da wir in steigendem Maß eine Berufung der Frauen zu kirchlichen Aufgaben – Caritas, Seelsorgshilfe, Lehrtätigkeit – feststellen können. Rechtssatzungen sind aber in der Regel nachfolgende juristische Festlegung von Lebensformen, die sich praktisch bereits durchgesetzt haben.
Die Kirche ist das Reich Gottes in dieser Welt und muß den Wandlungen alles Irdischen Rechnung tragen; sie kann ewige Wahrheit und ewiges Leben in die Zeit nur hineintragen, indem sie jedes Zeitalter nimmt, wie es ist, und es seiner Eigenart gemäß behandelt. Soweit für die katholischen Frauen sich ebenso wie für die anderen die Lebensbedingungen verschoben hatten, mußten auch für sie neue Lebensformen geschaffen werden, und es war durchaus nicht nötig, daß das von vornherein autoritativ geschah, es entsprach vielmehr einer weitgehend geübten Praxis, zunächst dem Spiel der natürlichen Kräfte zuzuschauen.

Aus: Die Frau (1928–1932)

97 Zivile und religiöse Gleichstellung von Mann und Frau

Ehe wir Berufung von Männern und Frauen zum Dienst Gottes prüfen, wollen wir noch erwägen, ob nach natürlicher Ordnung eine Verteilung der Berufe in der Art zu fordern sei, daß gewisse Berufe nur den Männern, andere nur den Frauen vorbehalten werden sollten (manche eventuell beiden offen stehen). Ich glaube, daß auch diese Frage zu verneinen ist, und zwar mit Rücksicht auf die starken individuellen Differenzen, die manche Frauen stark dem männlichen Typus und manche Männer stark dem weiblichen Typus annähern und es mit sich bringen, daß jeder »männliche« Beruf auch von gewissen Frauen, jeder »weibliche« auch von gewissen Männern durchaus sachgemäß ausgeübt werden kann [. . .]

Von Priestern und Ordensleuten sagt man, auch dem gewöhnlichen Sprachgebrauch nach, daß sie besonders *berufen* sein müßten, d. h., daß ein besonderer Ruf Gottes an sie ergangen sein müßte. Gibt es hierin einen Unterschied für Mann und Frau? Zum Ordensstand sind zu allen Zeiten Frauen wie Männer berufen worden, und wenn wir die mannigfach verzweigten Formen des heutigen Ordenslebens betrachten, die vielfältige äußere Liebestätigkeit, die in unserer Zeit auch von den weiblichen Orden und Kongregationen ausgeübt wird, so sehen wir einen wesentlichen Unterschied eigentlich nur noch darin, daß die eigentlich priesterliche Tätigkeit den Männern vorbehalten ist. [. . .]

Die Urkirche kennt eine mannigfache karitative Tätigkeit der Frauen in den Gemeinden, eine stark apostolische Wirksamkeit der Bekennerinnen und Martyrinnen, sie kennt die liturgische Jungfräulichkeit und auch ein geweihtes kirchliches Amt, das Frauendiakonat, mit einer eigenen Diakonatsweihe – aber das Priestertum der Frau hat auch sie nicht eingeführt. Die weitere geschichtliche Entwicklung bringt eine Verdrängung der Frauen aus diesen Ämtern und ein allmähliches Sinken ihrer kirchenrechtlichen Stellung, wie es scheint, unter dem Einfluß alttesta-

mentlicher und römisch-rechtlicher Vorstellungen. Die neueste Zeit zeigt einen Wandel durch das starke Verlangen nach weiblichen Kräften für kirchlich-caritative Arbeit und Seelsorgehilfe. Von weiblicher Seite regen sich Bestrebungen, dieser Betätigung wieder den Charakter eines geweihten kirchlichen Amtes zu geben, und es mag wohl sein, daß diesem Verlangen eines Tages Gehör gegeben wird. Ob das dann der erste Schritt auf einem Wege wäre, der schließlich zum Priestertum der Frau führte, ist die Frage.
Dogmatisch scheint mir nichts im Wege zu stehen, was es der Kirche verbieten könnte, eine solche bislang unerhörte Neuerung durchzuführen.

Aus: Die Frau (1928–1932)

98 Die Rolle der Frau

Die Einstellung der Frau geht auf das *Lebendig-Persönliche* und geht auf das *Ganze*. Hegen, hüten und bewahren, nähren und im Wachstum fördern: das ist ihr natürliches, echt mütterliches Verlangen. Das Tote, die *Sache* interessiert sie in erster Linie, soweit es dem Lebendig-Persönlichen dient; nicht so sehr um seiner selbst willen. Damit hängt das andere zusammen: *Abstraktion in jedem Sinn* liegt ihr von Natur aus fern. Das Lebendig-Persönliche, dem ihre Sorge gilt, ist ein konkretes Ganzes und will als Ganzes gehütet und gefördert sein, nicht ein Teil auf Kosten des oder der andern: nicht der Geist auf Kosten des Körpers oder umgekehrt, auch nicht eine seelische Fähigkeit auf Kosten der andern. Sie erträgt das weder an sich noch an andern. Und dieser praktischen Einstellung entspricht die theoretische: ihre natürliche Erkenntnisweise ist nicht so sehr die begrifflich-zergliedernde als die auf das Konkrete gehende, anschauende und erfühlende. Diese natürliche Ausrüstung befähigt die Frau, ihren eigenen Kindern Pflegerin und Erzieherin zu sein, aber ihre

Grundeinstellung gilt nicht nur diesen, so begegnet sie auch ihrem Mann und allen Wesen, die in ihren Umkreis treten.
Zur mütterlichen Veranlagung gesellt sich die als *Gefährtin*. Das Leben eines andern Menschen zu teilen, und zwar an *allem* Anteil zu nehmen, was ihn betrifft, am Größten und Kleinsten.

Aus: Die Frau (1928–1932)

99 Frauen in der Politik

Meinungen und Urteile der einzelnen Menschen sind weitgehend bestimmt durch das, was *man* denkt und *man* sagt. Diese Meinungen und Urteile aber sind von stärkstem praktischem Einfluß. Weil *man* bis vor wenigen Jahrzehnten der Ansicht war, *die Frau gehöre ins Haus* und sei zu nichts anderem zu gebrauchen, hat es langwierige und schwere Kämpfe gekostet, bis der zu eng gewordene Wirkungskreis erweitert werden konnte. Wer dies *man* ist, ist sehr schwer zu fassen. [...]
Rechtlich und politisch waren um die letzte Jahrhundertwende die Frauen den Unmündigen, d. h. den Kindern und geistig Minderwertigen gleichgestellt. Die Reichsverfassung von 1919 brachte die prinzipielle Gleichstellung, die sie zu Vollbürgern machte. Durch die Verleihung des aktiven Wahlrechts wurden sie zu einem politischen Machtfaktor, an dem man nicht mehr vorbeigehen konnte. Das passive Wahlrecht gab die Möglichkeit, sie an verantwortlicher Stelle zu Trägern des Staatslebens zu machen. Die Erfahrungen, die man mit weiblichen Abgeordneten und Beamten in höheren Stellen gemacht hat, werden gewiß nicht überall gleichmäßig sein. Es sind zweifellos unter ihnen ebenso wie unter den männlichen Kollegen solche, die nach Begabung und Charakter mehr oder minder für ihren Posten geeignet sind. Ich glaube aber, man wird sagen dürfen, daß die Regierungsstellen, die auf eine längere Erfahrung zurücksehen, kaum noch geneigt wären, auf die Mitarbeit der Frauen zu

verzichten, weil es eine Fülle von Aufgaben gibt, für die man sie einfach braucht. Allerdings bringt diese Situation eine Verpflichtung mit, für eine systematische Schulung zur Erfüllung solcher Aufgaben Sorge zu tragen, damit sie nicht von dilettantischen Kräften in Angriff genommen werden müssen. Wir brauchen eine allgemeine gründliche politische und soziale Schulung als Vorbereitung für die Erfüllung der staatsbürgerlichen Pflichten (übrigens nicht nur für die Frauen, sondern für das ganze deutsche Volk, das ja erschreckend unreif in die demokratische Staatsform hineingeschleudert worden ist), und spezielle Vorbereitungswege für die verschiedenen Posten im Staatsdienst, die nach Frauenarbeit verlangen.

Aus: Die Frau (1928–1932)

100 Die weibliche Eigenart im Beruf

Keine Frau ist ja nur *Frau,* jede hat ihre individuelle Eigenart und Anlage so gut wie der Mann und in dieser Anlage die Befähigung zu dieser oder jener Berufstätigkeit künstlerischer, wissenschaftlicher, technischer Art usw. Prinzipiell kann die individuelle Anlage auf jedes beliebige Sachgebiet hinweisen, auch auf solche, die der weiblichen Eigenart fernliegen. [. . .]
Auch die Berufe, die ihren rein sachlichen Anforderungen nach nicht mit der weiblichen Eigenart zusammenstimmen und eher als spezifisch männlich anzusprechen wären, doch, mit ihren konkreten Daseinsbedingungen genommen, können auf echt weibliche Art ausgeübt werden. Die Arbeit in einer Fabrik, in einem kaufmännischen Büro, im staatlichen oder städtischen Verwaltungsdienst, in den gesetzgebenden Körperschaften, in einem chemischen Laboratorium oder mathematischen Institut – das alles erfordert Einstellung auf ein totes oder abstrakt-gedankliches Material. Aber in den allermeisten Fällen handelt es sich um Arbeit, die mit andern Menschen zusammenführt, die zum

mindesten mit andern im selben Raum, oft in Arbeitsteilung mit ihnen zu verrichten ist. Und damit ist sofort die Gelegenheit zur Entfaltung aller weiblichen Tugenden gegeben. Ja man kann sagen, gerade hier, wo jeder in Gefahr ist, ein Stück Maschine zu werden und sein Menschentum zu verlieren, kann die Entfaltung der weiblichen Eigenart zum segensreichen Gegengewicht werden. Wer weiß, daß ihn an der Arbeitsstätte Hilfsbereitschaft und Teilnahme erwartet, in dessen Seele wird manches lebendig erhalten oder geweckt werden können, was sonst verkümmern müßte.

Aus: Die Frau (1928–1932)

101 Weibliche und männliche Sachlichkeit

Die persönliche Einstellung ist sachlich berechtigt und wertvoll, weil in der Tat die Person höher steht als alle sachlichen Werte. Alle Wahrheit will von Personen erkannt, alle Schönheit von Personen geschaut und gemessen sein. Alle sachlichen Werte sind in diesem Sinne für Personen da. Und hinter allem, was in der Welt an Wertvollem zu finden ist, steht die *Person des Schöpfers,* der alle erdenklichen Werte als ihr Urbild in sich schließt und überragt. [. . .]

Jede Arbeit, welcher Art immer – ob Hausarbeit, Handwerk, Wissenschaft oder was sonst – erfordert, daß man sich den Gesetzen der betreffenden Sache unterwirft; daß man die eigene Person, die Gedanken an sie wie alle Launen und Stimmungen, hinter der Sache zurücktreten läßt. Und wer das gelernt hat, der ist *sachlich* geworden, er hat etwas von der *Allzupersönlichkeit* verloren und eine gewisse Freiheit von sich erlangt, zugleich ist er an einem Punkt von der Oberfläche in die Tiefe gelangt, er hat etwas, worauf er stehen kann. Schon um dieses großen persönlichen Gewinns willen, ganz abgesehen von jedem wirtschaftlichen Zwang, sollte jedes Mädchen eine gründliche Berufsausbil-

dung bekommen und nach dieser Ausbildung eine Beschäftigung haben, die es voll ausfüllt. [...]

Ich möchte nur noch erwähnen, wie auch im *politischen Leben* der Eigenwert der Frau fruchtbar zur Geltung kommen kann. Bei der *Gesetzgebung* besteht immer die Gefahr, daß »vom grünen Tisch« aus entschieden wird, daß man möglichst vollkommene Paragraphen drechselt, ohne sich die wirklichen Verhältnisse und die Folgen in der Praxis deutlich genug vor Augen zu führen. Der weiblichen Eigenart widerstrebt dies abstrakte Verfahren, es entspricht ihr, auf das Menschlich-Konkrete zu achten, und so kann sie hier als Korrektiv dienen. Auch als Gegengewicht gegen eine andere Entartung der *männlichen Sachlichkeit* hat sie sich schon als segensreich erwiesen. Die *Sache,* die für den Politiker vielfach an erster Stelle steht, der er sich verschrieben hat, ist seine Parteisache. Und das kann nun bei der Behandlung irgendeines Gesetzentwurfs zur höchsten Unsachlichkeit führen. So bestand vor Jahren bei der Beratung des Jugendgesetzes die Gefahr, daß der Entwurf an dem Gegensatz der Parteien zum Scheitern käme. Da taten sich die Frauen der verschiedenen Parteien zusammen und brachten einen Ausgleich zustande. [...]

Schließlich kann die Frau ganz unabhängig von dem Beruf, in dem sie steht, ob er ihrer Eigenart entgegenkommt oder nicht, an jedem Platz ihren Eigenwert wirken lassen und damit Segen stiften. Überall kommt sie mit Menschen zusammen, überall wird sie Gelegenheit finden, zu stützen, zu raten, zu helfen. Wenn die Fabrikarbeiterin oder die Büroangestellte nur darauf achten will, wie es den Menschen zumute ist, die mit ihr im selben Raum arbeiten, so wird sie durch ein freundliches Wort, eine teilnehmende Frage es bald dahin bringen, daß sich ihr mühsalbeladene Herzen öffnen, sie wird herausbringen, wo der Schuh drückt, und wird Abhilfe schaffen können.

Aus: Die Frau (1928–1932)

Um 1924, als Pädagogin in Speyer auf der Suche nach ihrem eigenen Weg

VII Aufbruch nach Innen

Nichts verriet äußerlich die Tiefe ihres geistigen Lebens, wenn nicht das vollkommene Gleichgewicht zwischen den Gaben des Herzens und denen des Verstandes, ihr Ernst vor den Problemen der Zeit, ihr aufrichtiges Mitleiden. [Sie war eine Frau] mit zartem, mütterlichem Empfinden. Sie war schlicht mit einfachen Menschen, gelehrt mit Gelehrten, mit Suchenden eine Suchende. Beinahe möchte ich hinzufügen, mit Sündern eine Sünderin. Wie ihre äußere, fast starre Haltung, so blieb auch ihr Inneres in der Ruhe eines seligen Schauens und Frohseins vor Gott. Dankbare Konvertitin und glücklich, daheim bei ihrer Mutter, der Kirche zu sein, bekannte sie mit dem psalmodierenden Mönchschor, dem sie sich bei ihren liturgischen und dogmatischen Kenntnissen voll anschließen konnte,die große betende Kirche. Sie lief einfach wie ein Kind in die Arme seiner Mutter, froh und singend dem Karmel zu, ohne diesen beinahe blinden Eifer auch nur eine Minute lang zu bereuen. So etwa, wie St. Benedikt einmal dieses Gehen beschreibt: »Wir müssen jetzt laufen und alles tun, was für die Ewigkeit von Wert sein wird!«

Erzabt Raphael Walzer von Beuron, Benediktiner

102 Das Verborgene in mir

Ich denke über eine schwierige Frage nach und bemühe mich vergebens, eine Lösung zu finden. Schließlich stecke ich es auf, weil ich »heute zu dumm bin«. Meine Dummheit kann ich nicht mit den äußeren Sinnen wahrnehmen [. . .]; sie kann mir auch nicht »unmittelbar bewußt sein« wie das Nachdenken, dessen Verlauf sie mir kundgibt. Aber ich »erfahre« sie – sie gibt sich mir kund, wie ich die Stumpfheit des Messers erfahre, das mir beim Brotschneiden den Dienst versagt. Die ursprünglichste

Form solcher Erfahrung, auf die sich darüber hinausgehende Urteile und Schlüsse aufbauen und die – gedächtnismäßig bewahrt – in allmählicher Ansammlung zu jenem festen Erfahrungsbesitz führt, durch den wir »uns selbst kennen«, nennen wir mit *Husserl innere Wahrnehmung*. [. . .]
Die Entfaltung und Gestaltung der Seele vollzieht sich großenteils, ohne daß mir etwas davon zum Bewußtsein kommt. Es kann sein, daß ich eine schmerzliche Erfahrung für »überwunden« halte und lange nicht mehr daran denke. Aber plötzlich wird sie mir durch ein neues Erlebnis wieder in Erinnerung gebracht, und der Eindruck, den sie nun auf mich macht, die Gedanken, die sie hervorruft, lassen mich erkennen, daß sie die ganze Zeit in mir gearbeitet hat, ja daß ich ohne sie nicht das wäre, was ich heute bin. »In mir« – d. h. in meiner Seele, in einer Tiefe, die meist verborgen ist und sich nur manchmal öffnet.

Aus: Endliches und ewiges Sein (1935–1936)

103 Urteilen und Tieferfahren

Ich habe etwas getan, was ich mir bisher nicht zugetraut hätte, und es geht mir daran erst auf, »was ich für ein Mensch bin«. Auch das kann noch in verschiedener Weise geschehen. Es gibt eine Art, sich selbst zu betrachten, wie man andere betrachtet; gleichsam von außen wahrnehmend, feststellend, beobachtend. Das ist es, was wir *innere Wahrnehmung* nennen. Selbsterfahrung und Selbstbeobachtung bauen darauf auf und führen in derselben Richtung weiter. Und die Selbsterziehung kann daran anknüpfen. Ich versuche mich im Malen, finde, daß es nicht übel geht, und beschließe, das neuentdeckte Talent auszubilden. Ich habe mich ein paarmal bei einem vorschnellen Urteil »ertappt« und sehe darin eine schlimme Gewohnheit, die ich bekämpfen muß. Solche Feststellungen, bei denen ich mir selbst wie einem Gegenstand gegenüberstehe, zeigen die Seele als ein dingartiges

Ganzes mit Eigenschaften, die sich in ihrem Verhalten bekunden, andererseits durch das Verhalten beeinflußbar sind. Und weil dies Verhalten »mein« Verhalten ist, Sache meiner Freiheit, darum habe ich die Macht, an der Gestaltung meiner Seele selbst mitzuarbeiten. Aber mit solcher Betrachtung und Behandlung seiner selbst wird das Wesen der Seele nicht erreicht und darum auch keine echte Wesensgestaltung. Nicht die hinzutretende Feststellung, sondern das ursprüngliche Erlebnis enthüllt etwas vom Wesen der Seele, das sich in diesem Erlebnis nicht bloß »bekundet«, sondern darin *lebt* und zutage tritt. Und nur als ein ursprünglicher Lebensvorgang ist echte Wesensgestaltung möglich. Dabei ist unter »Wesen der Seele« nicht das *allgemeine* Wesen gemeint (was eine Seele überhaupt ist), sondern das der einzelnen Menschenseele Eigene, ihre *persönliche Eigenart*. Wenn ich auf Grund einer Belehrung die verstandesmäßige Überzeugung gewinne, daß es unrecht sei, vorschnell zu urteilen, wenn ich in der vorhin geschilderten Weise diesen Fehler an mir bemerke und mir vornehme, ihn zu bekämpfen, so ist es möglich, daß mir das gelingt, daß ich mich in einer für mich selbst und andere deutlich merklichen Weise verändere – und bei all dem braucht in der Tiefe nichts zu geschehen. Ich bin »im Grunde noch derselbe Mensch«. Etwas ganz anderes ist es, wenn ich z. B. durch ein leicht ausgesprochenes Urteil einen Menschen schwer gekränkt habe und nun merke, »was ich angerichtet habe«. Ich *erfahre* hier in einer ursprünglichen und eigentlichen Weise, was es um das Urteilen ist. Es erfaßt mich ein Entsetzen vor der Folgenschwere meines Verhaltens, ich werde mir in meiner Leichtfertigkeit selbst zum Abscheu. Das ist die *contritio,* die reuige Zerknirschung, die die Seele zu einer echten inneren Erneuerung fähig macht. Hier wird wirklich das Übel an der Wurzel gepackt.

Aus: Endliches und ewiges Sein (1935–1936)

104 Die eigentliche Lebensmitte

Das *Herz* ist die eigentliche *Lebensmitte*. Wir bezeichnen damit das leibliche Organ, an dessen Tätigkeit das leibliche Leben gebunden ist. Aber es ist uns ebenso geläufig, darunter das Innere der Seele zu verstehen, offenbar weil das Herz am stärksten an dem beteiligt ist, was im Inneren der Seele vorgeht, weil der Zusammenhang von Leib und Seele nirgends deutlicher zu spüren ist.

Im Inneren ist das Wesen der Seele nach innen aufgebrochen. Wenn das Ich hier lebt – auf dem Grunde seines Seins, wo es eigentlich zu Hause ist und hingehört –, dann spürt es etwas vom Sinn seines Seins und spürt seine gesammelte Kraft vor ihrer Teilung in einzelne Kräfte. Und wenn es von hier aus lebt, so lebt es ein *volles* Leben und erreicht die Höhe seines Seins. Was an Gehalten von außen aufgenommen wird und bis hierher vordringt, das bleibt nicht nur gedächtnismäßiger Besitz, sondern kann »in Fleisch und Blut« übergehen. So kann es zum lebenspendenden Kraftquell in ihr werden. Es ist allerdings auch möglich, daß Wesensfremdes eindringt, was am Leben der Seele zehrt und ihr zur tödlichen Gefahr wird, wenn sie nicht alle ihre Kraft zusammennimmt und es ausscheidet.

Was in das Innere eindringt, ist immer ein Aufruf an die *Person*. Ein Aufruf an ihre *Vernunft* als die Kraft, geistig zu »vernehmen«, d. h. zu *verstehen,* was ihr widerfährt. Und so ist es ein Aufruf zur *Besinnung,* d. h. zum Suchen nach dem *Sinn* dessen, was an sie herantritt. Ein Aufruf an ihre *Freiheit:* schon das verstandesmäßige Suchen nach dem Sinn ist freies Tun.

Aus: Endliches und ewiges Sein (1935–1936)

105 Das Innerste der Seele

Das Innerste der Seele, ihr Eigenstes und Geistigstes, ist kein farb- und gestaltloses, sondern ein eigentümlich geartetes: sie spürt es, wenn sie »bei sich selbst«, »in sich gesammelt« ist. Es läßt sich nicht so fassen, daß man es mit einem allgemeinen Namen nennen könnte, es ist auch nicht mit andern vergleichbar. Es läßt sich nicht in Eigenschaften, Charakterzüge u. dgl. zerlegen, weil es tiefer liegt als sie: es ist das *Wie* des Wesens selbst, das seinerseits jedem Charakterzug und jedem Verhalten des Menschen seinen Stempel aufprägt und den Schlüssel zum Aufbau seines Charakters bildet. Durch diese »Äußerungen« wird das Innerste der Seele auch von außen faßbar. Wir »spüren« das Unaussprechliche ihres Wesens auch an andern. Es ist das, was uns im tiefsten Grund »anzieht« oder »abstößt«. Wir können uns dabei wie von etwas Verwandtem berührt fühlen.

Aus: Endliches und ewiges Sein (1935–1936)

106 Zwischen Tiefe und Oberfläche

Das persönliche Ich ist im Innersten der Seele ganz eigentlich zu Hause. *Wenn* es hier lebt, dann verfügt es über die gesammelte Kraft der Seele und kann sie frei einsetzen. Dann ist es auch dem Sinn alles Geschehens am nächsten und aufgeschlossen für die Forderungen, die an es herantreten, am besten geeignet, ihre Bedeutung und Tragweite zu ermessen. Es gibt aber wenige Menschen, die so »gesammelt« leben. Bei den meisten hat das Ich seinen Standort vielmehr an der Oberfläche, wird wohl gelegentlich durch »große Ereignisse« erschüttert und in die Tiefe gezogen, sucht dann auch dem Geschehen durch ein angemessenes Verhalten zu entsprechen, kehrt aber nach längerem oder kürzerem Verweilen doch wieder an die Oberfläche zurück. Was von außen herantritt, ist auch vielfach so, daß es von

einem oberflächlichen oder doch nicht sehr tiefgelegenen Standort aus einigermaßen sachgemäß »erledigt« werden kann. Es ist nicht die letzte Tiefe nötig, um es in etwa zu verstehen, und es ist auch nicht erforderlich, mit dem Einsatz der ganzen gesammelten Kraft darauf zu antworten. Aber wer gesammelt in der Tiefe lebt, der sieht auch die »kleinen Dinge« in großen Zusammenhängen; nur er vermag ihr Gewicht – an letzten Maßstäben gemessen – in der richtigen Weise einzuschätzen und sein Verhalten entsprechend zu regeln. Nur bei ihm ist die Seele auf dem Wege zur letzten Durchformung und zur Vollendung ihres Seins. Wer nur gelegentlich in die Tiefen der Seele zurückgeht, um dann wieder an der Oberfläche zu verweilen, bei dem bleibt die Tiefe unausgebildet und kann auch ihre formende Kraft für die weiter nach außen gelegenen Schichten nicht entfalten. Und es mag Menschen geben, die überhaupt nie bis zu ihrer letzten Tiefe gelangen und darum nicht nur nie zur Vollendung ihres Seins, zur Durchformung ihrer Seele im Sinne ihrer Wesensbestimmtheit, sondern nicht einmal zu dem ersten, »vorläufigen« Besitz ihrer selbst, der für den Vollbesitz Voraussetzung ist und schon bei einem vorübergehenden Verweilen in der Tiefe erreicht wird: einem – wenigstens dunkel ahnenden – Wissen um den Sinn ihres Seins und um die Kraft, von sich aus auf das Ziel hinzuarbeiten.

Aus: Endliches und ewiges Sein (1935–1936)

107 Die Stimme aus der Tiefe

Vom Innersten her erfolgt die *Ausstrahlung* des eigenen Wesens, das unwillkürliche geistige Ausgehen von sich selbst. Je gesammelter ein Mensch im Innersten seiner Seele lebt, um so stärker ist diese Ausstrahlung, die von ihm ausgeht und andere in seinen Bann zieht. Um so stärker trägt aber auch alles freie geistige Verhalten den Stempel der persönlichen Eigenart, die im Inner-

sten der Seele beheimatet ist. Um so stärker ist ferner der Leib davon geprägt und eben dadurch »vergeistigt«. Hier ist der wahre Mittelpunkt des leiblich-seelisch-geistigen Seins. [. . .]
Das Gewissen offenbart, wie die Taten in der Tiefe der Seele verwurzelt sind, und es bindet das Ich – trotz seiner freien Beweglichkeit – in die Tiefe zurück: die Stimme aus der Tiefe ruft es immer wieder dahin, wo es hingehört, um Rede und Antwort zu stehen über sein Tun und sich zu überzeugen, was es damit bewirkt hat – denn die Taten lassen ihre Spuren in der Seele zurück, sie ist nachher in einer anderen Verfassung, als sie vorher war. Die Seele ist etwas in sich: das, als was sie Gott in die Welt gesetzt hat. Und dieses Was hat seine eigentümliche Beschaffenheit, die dem ganzen Leben, in dem es sich entfaltet, einen eigenen Stempel aufprägt: sie macht es, daß – wenn zwei dasselbe tun – es doch nicht dasselbe ist. *Was* und *wie* sie ist, das spürt die Seele in ihrem Inneren, in jener dunklen und unsagbaren Weise, die ihr das Geheimnis ihres Seins *als* Geheimnis zeigt, ohne es zu enthüllen. Sie trägt überdies in ihrem Was die Bestimmung dessen, was sie *werden* soll: durch das, was sie empfängt und was sie tut. Sie spürt, ob das, was sie in sich aufnimmt, mit ihrem eigenen Sein verträglich und dafür förderlich ist oder nicht, und ob das, was sie tut, im Sinne ihres Seins ist oder nicht. Und dem entspricht die Verfassung, in der sie sich nach jeder Berührung und Auseinandersetzung mit der Welt »befindet«.

Aus: Endliches und ewiges Sein (1935–1936)

108 Eroberung – Hingabe – Liebe

Im echten Schülerverhältnis nimmt der Schüler vom Lehrer nicht nur das auf, was in den Lehrworten unabhängig von dem persönlichen Leben des Sprechenden ausgedrückt ist. Die Worte selbst, der Tonfall, das Mienenspiel – kurz all das, was wir in dem

Namen *Ausdruck* zusammenfassen – lassen den Schüler in jenes persönliche Leben, in eine ihm bislang unbekannte geistige Welt eingehen, er lebt ein fremdes Leben mit, wird davon erfüllt und geformt; es wird, in den Grenzen seiner Aufnahmefähigkeit und -willigkeit, sein eigenes geistiges Sein. Das kann in sehr verschiedener Weise und mit entsprechend verschiedener Wirkung geschehen. Ein selbständiger, kühner und lernbegieriger Geist wird andern Menschen wie ein Eroberer gegenübertreten. Er wird sich ihrer geistigen Welt zu bemächtigen suchen, um davon aufzunehmen, was ihm gemäß ist, und daran zu wachsen. Er wird sich das fernhalten, was ihm nicht entspricht. Ein schwacher Geist von geringem Betätigungsdrang kann, ohne es zu wollen, von dem stärkeren Leben hingerissen und überwältigt werden. Vielleicht wird er davon getragen, ohne es selbständig aufnehmen und, auf sich gestellt, fortführen zu können. Vielleicht wird er auch davon erdrückt, so daß sein Eigenleben sich nicht entfalten kann. Natürlich ist die Art und das Maß der Aufnahme nicht nur von dem Empfangenden, sondern auch von dem Gebenden abhängig: davon, ob er sich schrankenlos mitteilt oder ob er mit etwas zurückhält, mit seinen Kenntnissen, seiner persönlichen Stellungnahme, seiner Kraft und Eigenart; ob seine Selbstmitteilung Eroberung oder dienende Hingabe ist. Es gibt also auf beiden Seiten ein geistiges Sichöffnen und -verschließen, das Sache der Freiheit ist. Wir sind nicht einfach die wehrlose Beute dessen, was von außen her, durch Ausdruckserscheinungen, auf uns eindringt. Wir sind auch nicht einer hemmungslosen Preisgabe alles dessen, was in uns lebt, ausgeliefert. Mitteilung und Aufnahme von geistigem Besitz und persönlichem Leben sind weitgehend unserer Freiheit anheimgestellt. Und was dadurch zustandekommt, ist geistiges Geschehen: Miteinanderleben geistiger Personen, geistiges Wachstum und geistige Formung der einzelnen, Bildung geistiger Gemeinschaft. [. . .]

Das innerste Wesen der Liebe ist Hingabe. Gott, der die Liebe ist, verschenkt sich an die Geschöpfe, die Er zur Liebe geschaffen hat. [. . .]

Liebe aber ist *Leben* in der höchsten Vollendung: Sein, das sich

ewig hingibt, ohne eine Verminderung zu erfahren, unendliche Fruchtbarkeit.

Aus: Endliches und ewiges Sein (1935–1936)

109 Das fühlende Aufnehmen

Niemand kann etwas völlig Unbekanntes lieben. Der Eifer, etwas Unbekanntes zu erkennen, beruht auf Erkenntnis der Bedeutung der Kenntnis des Unbekannten. Wenn der Geist sich selbst liebt, so muß er auch eine Erkenntnis seiner selbst haben. Und wenn er nach Erkenntnis seiner selbst sucht, so ist das nicht ohne vorausgehende Erkenntnis möglich: er muß sich als Nichtwissenden wissen. Mit dem, was er weiß, fragt er nach dem, was er nicht weiß.

Das Gefühlsleben ist nicht auf innere Gefühlszuständlichkeiten und Stimmungen beschränkt. Der Geist geht nicht nur erkennend und wollend, sondern auch fühlend aus sich heraus. Sein Aufnehmen des Seienden erfolgt aus seinem so gearteten und jeweils so oder so gestimmten Inneren heraus, darum als ein nicht bloß verstandesmäßig erkennendes, sondern als ein *fühlendes Aufnehmen:* so wird das Seiende in seinem Wert und in seiner Bedeutung für das eigene Sein erfaßt, es wird dazu fühlend und wollend Stellung genommen. Das Fühlen steht, bedingt und bedingend, zwischen dem verstandesmäßigen Erkennen und dem Wollen.

Aus: Endliches und ewiges Sein (1935–1936)

110 Wahrnehmung und Täuschung

Welcher vernünftige Grund läßt sich angeben, daß wir unserm »Gefühl« trauen dürfen? Darauf ist zunächst zu sagen, daß wir es hier nicht mit *Gefühl* im Sinne einer bloßen seelischen Zuständ-

lichkeit zu tun haben, die nichts weiter zu bedeuten hat. Das »Fühlen«, von dem wir sprechen, hat selbst Erkenntniswert, es erschließt uns etwas: ein Etwas, zu dem es der entsprechende Zugangsweg ist. Es ist ein geistiger *Akt,* ein geistiges *Wahrnehmen.* Wir nennen es »Fühlen«, weil es ein »dunkles« Erfassen ist, nicht die Klarheit und Deutlichkeit der begrifflich faßbaren Verstandeseinsicht hat, und weil es ein »Wahrnehmen mit dem Herzen« ist: Was auf solche Weise gefühlt wird, das spricht zum Innern der Seele und will dort aufgenommen werden. Wir reden von *Wahrnehmung,* weil dieses Wahrnehmen mit dem sinnlichen Wahrnehmen etwas gemeinsam hat: daß ein Einmaliges und Wirkliches darin erfaßt wird. Aber es ist ein Geistiges, das erfaßt wird, und selbst den Sinnen nicht zugänglich, wenn es sich auch durch sinnenfällige Zeichen (den leiblichen *Ausdruck* des Seelischen) bemerkbar macht. Diese Wahrnehmung ist, wie die sinnliche, der Täuschung unterworfen. Aber sie darum grundsätzlich zu verwerfen, wäre ebenso unvernünftig wie der vollständige Verzicht auf den Gebrauch der Sinne als Erkenntnismittel, weil sie »trügerisch« seien. Wenn wir also unser eigenes Wesen und das anderer als ein so beschaffenes und sein »So« als ein »Einmaliges« fühlen, so trägt dieses Fühlen als eine besondere Weise ursprünglicher Erfahrung ihren eigenen Rechtsgrund in sich.

Aus: Endliches und ewiges Sein (1935–1936)

111 Wurzel und Grund alles Lebens

Natürlich ist Religion nicht etwas für den stillen Winkel und für einige Feierstunden, sondern sie muß, wie Sie es ja selbst empfinden, Wurzel und Grund alles Lebens sein, und das nicht nur für wenige Auserwählte, sondern für jeden wirklichen Christen.

Aus: Brief an Sr. Callista Kopf OP vom 12. 2. 1928 aus St. Magdalena

112 Aus der Mitte leben

Der Mittelpunkt der Seele ist der Ort, von dem aus die Stimme des Gewissens sich vernehmen läßt, und der Ort der freien persönlichen Entscheidung. Weil es so ist und weil zur liebenden Vereinigung mit Gott die freie persönliche Hingabe gehört, darum muß der Ort der freien Entscheidung zugleich der Ort der freien Vereinigung mit Gott sein. Von hieraus wird es auch verständlich, warum von Teresa von Avila die Hingabe des Willens an den göttlichen als das Wesentlichste an der Vereinigung angesehen wird: die Hingabe unseres Willens ist das, was Gott von uns allen verlangt und was wir leisten können. Sie ist das Maß unserer Heiligkeit. Sie ist zugleich die Bedingung der mystischen Vereinigung, die nicht in unserer Macht steht, sondern freies Geschenk Gottes ist. Darum ergibt sich aber auch die Möglichkeit, vom Mittelpunkt der Seele aus zu leben, sich selbst und sein Leben zu gestalten, ohne mystisch begnadet zu sein.

Aus: Welt und Person (1936)

113 Das Verlangen nach Beschenktwerden

Der Mensch verlangt nach dem immer neuen Beschenktwerden mit dem Sein, um das ausschöpfen zu können, was der Augenblick ihm zugleich gibt und nimmt. Was ihm Fülle gibt, das will er nicht lassen, und er möchte ohne Ende und ohne Grenzen sein, um es ganz und ohne Ende zu besitzen. Freude ohne Ende, Glück ohne Schatten, Liebe ohne Grenzen, höchst gesteigertes Leben ohne Erschlaffen, kraftvollste Tat, die zugleich vollendete Ruhe und Gelöstheit von allen Spannungen ist – das ist ewige Seligkeit. Das ist das Sein, um das es dem Menschen in seinem Dasein geht.

Aus: Welt und Person (1936)

VIII Sein und Schein

Man fühlte, Edith Stein wandte sich aus der Tiefe des stillen, gesammelten Herzens dem Besucher zu. Die Augen strahlten Güte und Frieden aus, wie man es nur ganz selten im Leben erfährt. Zurückhaltend und bescheiden, wie sie war, erwähnte sie niemals, welche Anerkennung ihre Mühe [mit der Thomas-Übersetzung] gefunden hatte. Sie sprach aber auch nicht über Einwände und Bedenken, denen ihre mutige Verwendung moderner Fachausdrücke begegnete. Man spürte nur die frohe Sachlichkeit, mit der sie an ihrer Arbeit schaffte. Sinn für Familiengeschichte und Familienehre waren ein Gegengewicht gegen die einseitige Pflege des Verstandes. Edith Stein wirkte in keiner Weise verkrampft oder lebensfremd, sie hatte eine echte Freude am Persönlichen. Edith Steins Freundin Maria Biemas

114 Werden und Vergehen

Mein Sein, so wie ich es vorfinde und mich darin finde, ist ein nichtiges Sein; ich bin nicht aus mir selbst und bin aus mir selbst nichts, stehe jeden Augenblick vor dem Nichts und muß von Augenblick zu Augenblick neu mit dem Sein beschenkt werden. Und doch ist dies nichtige Sein *Sein* und ich rühre damit jeden Augenblick an die Fülle des Seins. Das Werden und Vergehen, wie wir es in uns finden, enthüllte uns die *Idee* des wahren Seins, des wandellos-ewigen. Die Erlebniseinheiten, deren Sein ein Werden und Vergehen ist, bedürfen des Ich, um zum Sein zu gelangen. Aber das Sein, das sie durch das Ich erhalten, ist nicht das wandellos-ewige, ist vielmehr nur eben dieses Werden und Vergehen mit einer Seinshöhe im Augenblick des Übergangs vom Werden zum Vergehen. Das Ich scheint dem reinen Sein näherzustehen, weil es nicht nur für *einen* Augenblick die

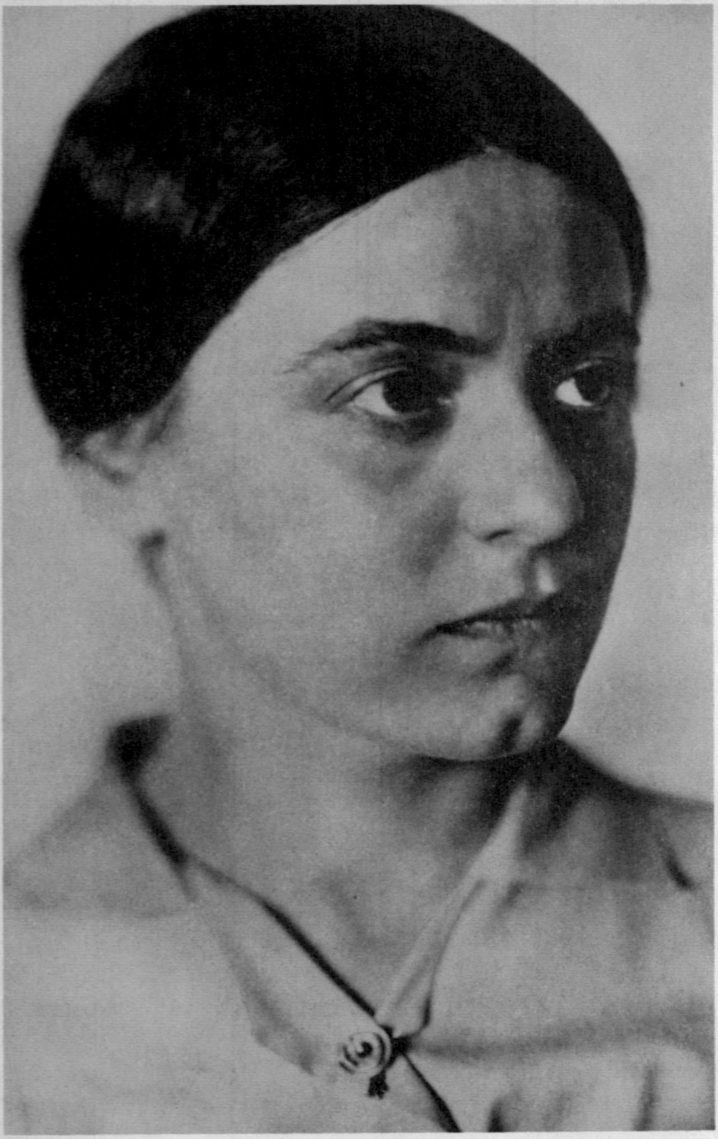

1931 in Wien als Referentin in den Fragen der Frau

Seinshöhe erreicht, sondern in *jedem* Augenblick darin erhalten wird, freilich nicht als ein wandelloses, sondern mit einem ständig wechselnden Gehalt seines Lebens.

Aus: Endliches und ewiges Sein (1935–1936)

115 Helle Nacht des Nichts

Heideggers Freiburger Antrittsvorlesung: »Was ist Metaphysik?« stellt in den Mittelpunkt der Erörterung das Nichts. Das Gestimmtsein, in dem der Mensch vor das Nichts gebracht wird, ist die Angst: Indem das Seiende entgleitet und wir selbst uns entgleiten, offenbart die Angst das Nichts. In der hellen Nacht des Nichts der Angst ersteht erst die ursprüngliche Offenheit des Seienden als eines solchen: daß es Seiendes ist – und nicht Nichts. Die Hineingehaltenheit des Daseins in das Nichts aus dem Grunde der verborgenen Angst ist das Übersteigen des Seienden im Ganzen: die Transzendenz . . . Die Frage nach dem Nichts umspannt das Ganze der Metaphysik: denn Sein und Nichts gehören zusammen . . . ›weil das Sein selbst im Wesen endlich ist und sich nur in der Transzendenz des in das Nichts hinausgehaltenen Daseins offenbart‹«.

Aus: Welt und Person (1936)

116 Gegen die Angst vor dem Sturz ins Nichts

Der unleugbaren Tatsache, daß mein Sein ein flüchtiges, von Augenblick zu Augenblick gefristetes und der Möglichkeit des Nichtseins ausgesetztes ist, entspricht die andere ebenso unleugbare Tatsache, daß ich trotz dieser Flüchtigkeit *bin* und von

Augenblick zu Augenblick *im Sein erhalten* werde und in meinem flüchtigen Sein ein dauerndes umfasse. Ich weiß mich gehalten und habe darin Ruhe und Sicherheit – nicht die selbstgewisse Sicherheit des Mannes, der in eigener Kraft auf festem Boden steht, aber die süße und selige Sicherheit des Kindes, das von einem starken Arm getragen wird – eine, sachlich betrachtet, nicht weniger vernünftige Sicherheit. Oder wäre das Kind »vernünftig«, das beständig in der Angst lebte, die Mutter könnte es fallen lassen?
Ich stoße also in meinem Sein auf ein anderes, das nicht meines ist, sondern Halt und Grund meines in sich haltlosen und grundlosen Seins. Auf zwei Wegen kann ich dahin gelangen, in diesem Grund meines Seins, auf den ich in mir selbst stoße, das *ewige Sein* zu erkennen. Das eine ist der *Weg des Glaubens:* wenn Gott sich offenbart als *der Seiende,* als *Schöpfer* und *Erhalter,* und wenn der Erlöser sagt: »Wer an den Sohn glaubt, der hat das ewige Leben«, so sind das lauter klare Antworten auf die Rätselfrage meines eigenen Seins. Und wenn Er mir durch den Mund des Propheten sagt, daß Er treuer als Vater und Mutter zu mir stehe, ja daß Er die Liebe selbst sei, dann sehe ich ein, wie »vernünftig« mein Vertrauen auf den Arm ist, der mich hält, und wie töricht alle Angst vor dem Sturz ins Nichts – wenn ich mich nicht selbst aus dem bergenden Arm losreiße.

Aus: Endliches und ewiges Sein (1935–1936)

117 Ich und Sein

»Ich bin der Ich bin« (Ex 3,14). Es scheint mir höchst bedeutsam, daß an dieser Stelle nicht steht: »Ich bin *das Sein*« oder »Ich bin *der Seiende*«, sondern »Ich bin der *Ich bin*«. Man wagt es kaum, diese Worte durch andere zu deuten. Wenn aber die *augustinische* Deutung zutrifft, so darf man wohl daraus folgern: Der, dessen Name ist »Ich bin«, ist *das Sein in Person.* [. . .]

»Ich« kann sich nur ein Seiendes nennen, das in seinem Sein seines eigenen Seins inne ist und zugleich seines Unterschiedenseins von jedem anderen Seienden. Jedes Ich ist ein Einmaliges, es hat etwas, was es mit keinem anderem Seienden teilt, d. h. etwas *Unmitteilbares*. [. . .]

Es gibt bei Gott nicht – wie beim Menschen – einen Gegensatz von Ichleben und Sein. Sein »Ich bin« ist ewig-lebendige Gegenwart, ohne Anfang und Ende, ohne Lücken und ohne Dunkelheit. Dieses Ichleben hat alle Fülle in sich und aus sich selbst: es empfängt nichts anderswoher – es ist ja das, woraus alles andere alles empfängt, das alles andere Bedingende, selbst Unbedingte. Es gibt darin keine wechselnden Gehalte, kein Auftauchen und Versinken, keinen Übergang von Möglichkeit zu Wirklichkeit oder von niederer zu höherer Wirklichkeit: die ganze Fülle ist ewig-gegenwärtig, d. h. alles Seiende. Das »Ich bin« heißt: Ich lebe, Ich weiß, Ich will, Ich liebe – all das nicht als ein Nacheinander oder Nebeneinander zeitlicher *Akte,* sondern von Ewigkeit her völlig eins in der Einheit des *einen* göttlichen *Aktes,* in dem alle verschiedenen Bedeutungen von *Akt* – wirkliches Sein, lebendige Gegenwart, vollendetes Sein, geistige Regung, freie Tat – völlig zusammenfallen. Das göttliche Ich ist kein leeres, sondern das in sich selbst alle Fülle bergende, umschließende und beherrschende. Seine vollkommene Einheit kommt noch besser zum Ausdruck in einer Sprache, die für das »Ich bin« ein einziges Wort hat, etwa in dem lateinischen *sum*. Beim Ich, bei dem das Sein Leben ist, können wir es am ehesten fassen, daß *Ich* und *Leben* oder *Sein* nicht zweierlei ist, sondern untrennbar eins: die *Fülle des Seins persönlich geformt*.

Aus: Endliches und ewiges Sein (1935–1936)

118 Planvolles und »Zufälliges«

Man unterscheidet in der gewöhnlichen Redeweise »Planvolles« – und das gilt zugleich als »sinnvoll« und »verständlich« – und »Zufälliges«, was in sich sinnlos und unverständlich erscheint. Ich habe ein bestimmtes Studium vor und suche mir dafür eine Universität aus, die mir besondere Förderung in meinem Fach verspricht. Das ist ein sinnvoller und verständlicher Zusammenhang. Daß ich in jener Stadt einen Menschen kennenlerne, der »zufällig« auch dort studiert, und eines Tages »zufällig« mit ihm auf weltanschauliche Fragen zu sprechen komme, erscheint mir zunächst nicht durchaus als verständlicher Zusammenhang. Aber wenn ich nach Jahren mein Leben überdenke, dann wird mir klar, daß jenes Gespräch von entscheidendem Einfluß auf mich war, vielleicht »wesentlicher« als mein ganzes Studium, und es kommt mir der Gedanke, daß ich vielleicht »eigens darum« in jene Stadt »gehen mußte«. [. . .]

Was nicht in meinem Plan lag, das hat in Gottes Plan gelegen. Und je öfter mir so etwas begegnet, desto lebendiger wird in mir die Glaubensüberzeugung, daß es – von Gott her gesehen – keinen Zufall gibt, daß mein ganzes Leben bis in alle Einzelheiten im Plan der göttlichen Vorsehung vorgezeichnet und vor Gottes allsehendem Auge ein vollendeter Sinnzusammenhang ist. Dann beginne ich mich auf das Licht der Glorie zu freuen, in dem auch mir dieser Sinnzusammenhang entschleiert werden soll. Das gilt aber nicht nur für das einzelne Menschenleben, sondern auch für das Leben der ganzen Menschheit und darüber hinaus für die Gesamtheit alles Seienden.

Aus: Endliches und ewiges Sein (1935–1936)

119 Abbild und Unmittelbarkeit

Es liegt im Sinn der Schöpfung, daß das Erschaffene kein vollkommenes Abbild sein kann, sondern nur ein »Teilbild«, ein »gebrochener Strahl«: Gott, der Ewige, Unerschaffene und Unendliche, kann nicht seinesgleichen erschaffen, weil es kein zweites Ewiges, Unerschaffenes und Unendliches geben kann. Wir könnten unser eigenes Bild nicht in anderen wiederfinden, wenn wir von uns selbst nicht durch eine ursprünglichere, unbildliche Erkenntnis wüßten: durch jenes »Selbst-bewußtsein«, das unmittelbare Innesein des eigenen Selbst und Seins, das zu unserem Selbst und Sein gehört. Es ist keine klare, deutliche und vollständige Erkenntnis, sondern ein dunkles, unumgrenztes und ungeformtes Spüren – immerhin Grund und Wurzel alles dessen, was wir natürlicherweise von uns und unseresgleichen wissen. Gottes Wissen um sich selbst ist vollkommen klar und sein ganzes unendliches Sein lückenlos und unverfälscht umfassend. Was das unsere mit ihm teilt, ist die *Unmittelbarkeit:* daß es nicht durch ein »Mittel« erreicht wird (wie es jedes Bild ist), sondern zum Sein selbst – zum geistigen Sein als solchem gehört. So ist die Erzeugung eines vollkommenen »Ebenbildes« Gottes nicht die Hervorbringung eines neuen Seins außer dem göttlichen und eines zweiten göttlichen Wesens, sondern die innere, geistige Umfassung des *einen* Seins.

Aus: Endliches und ewiges Sein (1935–1936)

120 Selbstranszendenz aller Wesen

Jedes Ding trägt mit seinem Wesen sein Geheimnis in sich und weist gerade dadurch über sich selbst hinaus. Wie die Flüchtigkeit und Hinfälligkeit des endlichen Seins uns die Notwendigkeit eines ewigen Seins enthüllt, so die Unvollkommenheit aller endlichen Wesen die Notwendigkeit eines unendlich vollkommenen Wesens.

Aus: Endliches und ewiges Sein (1935–1936)

121 Forderung und Befähigung

Gott verlangt nichts vom Menschen, ohne ihm zugleich die Kraft dafür zu geben. Der Glaube lehrt es, und die Erfahrung des Lebens aus dem Glauben bestätigt es. Das Innerste der Seele ist ein Gefäß, in das der Geist Gottes (das Gnadenleben) einströmt, wenn sie sich ihm kraft ihrer Freiheit öffnet. Und Gottes Geist ist Sinn und Kraft. Er gibt der Seele neues Leben und befähigt sie zu Leistungen, denen sie ihrer Natur nach nicht gewachsen wäre, und er weist zugleich ihrem Tun die Richtung. Im Grunde ist jede sinnvolle Forderung, die mit verpflichtender Kraft vor die Seele tritt, ein Wort Gottes. Es gibt ja keinen Sinn, der nicht im Logos seine ewige Heimat hätte. Und wer ein solches Wort Gottes bereitwillig in sich aufnimmt, der empfängt eben damit die göttliche Kraft, ihm zu entsprechen. Jeder Zuwachs an Gnade ist aber auch eine Stärkung des geistigen Seins und erschließt der Seele ein reicheres und feineres Verständnis für das göttliche Wort, für den übernatürlichen Sinn, der aus allem Geschehen spricht und der sich auch als »Einsprechung« in ihrem Inneren vernehmlich macht. Darum ist die Seele, die sich kraft ihrer Freiheit auf den Geist Gottes oder auf das Gnadenleben stützt, zu einer vollständigen Erneuerung und Umwandlung fähig.

Aus: Endliches und ewiges Sein (1935–1936)

122 Die Liebe kennt keine Grenzen

Unsere Menschenliebe ist das Maß unserer Gottesliebe. Aber es ist eine andere als die natürliche Menschenliebe. Die natürliche Liebe gilt diesem oder jenem, der uns durch Bande des Blutes verbunden oder durch Verwandtschaft des Charakters oder gemeinsame Interesse nahesteht. Die anderen sind »Fremde«, die einen »nichts angehen«, einem sogar durch ihr Wesen widerwärtig sind, so daß man sie sich möglichst weit vom Leibe hält. Für

die Christen gibt es keinen »fremden Menschen«. Der ist jeweils der »Nächste«, den wir vor uns haben und der unser am meisten bedarf; gleichgültig, ob er verwandt ist oder nicht, ob wir ihn »mögen« oder nicht, ob er der Hilfe »moralisch würdig« ist oder nicht. Die Liebe Christi kennt keine Grenzen, sie hört nimmer auf, sie schaudert nicht zurück vor Häßlichkeit und Schmutz. Er ist um der Sünder willen gekommen und nicht um der Gerechten willen. Und wenn die Liebe Christi in uns lebt, dann machen wir es wie er und gehen den verlorenen Schafen nach.«

Aus: Wege zur inneren Stille (1931)

123 Das Schenken des Seins

Das »flüchtige« Sein ist nicht im Besitze des Seienden, das flüchtig ist: es muß ihm immer neu geschenkt werden. Schenken kann aber nur, wer das Sein wahrhaft besitzt, wer darüber Herr ist. Herr sein kann nur eine Person. Herr des Seins aber wäre sie nicht, wenn sich etwas ihrer Seinsmacht entzöge: wenn es unablässig von ihr Sein oder Nichtsein gäbe.

Aus: Endliches und ewiges Sein (1935–1936)

124 Auf der Spur des Unfaßlichen

»Wenn du hinzuzutreten beginnst als Ähnlicher und anhebst, Gott durchzuspüren – im Maße, wie in dir die Liebe wächst, weil auch die Liebe Gott ist –, spürst du etwas, was du sagtest und nicht sagtest . . . Ehe du nämlich spürtest, meintest du Gott zu sagen: du beginnst zu spüren, und hier spürst du, wie nicht gesagt werden kann, was du spürst.« [Augustinus] Dies dunkle Spüren gibt uns den Unfaßlichen als den unentrinnbar Nahen, in dem wir »leben, uns bewegen und sind«, aber als den Unfaßlichen. Das

schlußfolgernde Denken prägt scharfe Begriffe, aber auch die vermögen den Unfaßlichen nicht zu fassen, ja sie rücken ihn in die Ferne, die allem Begrifflichen eigen ist. Mehr als der Weg des philosophischen Erkennens gibt uns der Weg des Glaubens: den Gott der persönlichen Nähe, den Liebenden und Erbarmenden, und eine Gewißheit, wie sie keiner natürlichen Erkenntnis eigen ist. Aber auch der Weg des Glaubens ist ein *dunkler* Weg. Gott selbst stimmt seine Sprache zu menschlichen Maßen herab, um uns das Unfaßliche faßlicher zu machen.

Aus: Endliches und ewiges Sein (1935–1936)

IX Mystik

Edith Stein arbeitete damals an ihrer Kreuzeswissenschaft des hl. Johannes vom Kreuz, wobei sie mit großer Sorgfalt die altspanische theologische Lyrik in die deutsche Sprache übertrug. Sie las dabei auch holländische Studien, u. a. von Johan Brouwer und Cyriel Verschaeve, und wir konnten feststellen, daß sie die niederländische Sprache beherrschte. Unsere Umgangssprache war natürlich die deutsche, ihre Priorin erzählte, daß Edith Stein sofort nach ihrer Ankunft in Echt, im Winter 1939, eifrig begann, die niederländische Sprache zu erlernen. Dies im Gegensatz zu älteren Schwestern, denen die Umstellung auf eine neue Sprache ziemlich schwerfiel. »Wenn man die Rätselfragen in der altspanischen oder altportugiesischen Sprache zu lösen versucht, sind die holländischen noch ziemlich leicht«, lachte Edith Stein bescheiden. Sie besaß außergewöhnliche Sprachkenntnisse und konnte geläufig über schwierige philosophische Probleme in Französisch oder Englisch debattieren. Sorgfältige Übersetzungen betrachtete sie als ein Grundgesetz intellektueller Arbeit. Rechtsanwalt Anthony Mertens als Doktorand

125 Mystische Begnadung

Das ist es aber, was die Kenner des inneren Lebens zu allen Zeiten erfahren haben: Sie wurden in ihr Innerstes hineingezogen durch etwas, was stärker zog als die ganze äußere Welt; sie erfuhren dort den Einbruch eines neuen, mächtigen, höheren Lebens, des übernatürlichen, göttlichen. ». . . Suchst du wohl einen hohen Ort, einen heiligen Ort, so biete dich innen als Tempel Gottes. ›Denn der Tempel Gottes ist heilig, und der seid ihr‹. Im Tempel willst du beten? In dir bete. Aber zuvor sollst du Tempel Gottes sein, weil er in seinem Tempel hört auf den

Beter«. »... Ruf mich zurück aus Irrsalen: Du sei Führer – und ich gehe zurück in mich und in Dich« [...]. Die mystische Begnadung gibt als Erfahrung, was der Glaube lehrt: die Einwohnung Gottes in der Seele. Wer, von der Glaubenswahrheit geleitet, Gott sucht, der wird sich in freiem Bemühen eben dahin aufmachen, wohin der mystisch Begnadete gezogen wird: sich aus den Sinnen und den »Bildern« des Gedächtnisses, ja selbst noch aus der natürlichen Tätigkeit des Verstandes und Willens zurückziehen in die leere Einsamkeit seines Inneren, um dort zu verweilen im dunklen Glauben – in einem schlichten liebenden Aufblick des Geistes zu dem verborgenen Gott, der verhüllt gegenwärtig ist. Hier wird er in tiefem Frieden – weil am Ort seiner Ruhe – verharren, bis es dem Herrn gefällt, den Glauben in Schauen zu verwandeln.

Aus: Endliches und ewiges Sein (1935–1936)

126 Trockenheit, Elend und Mühsal

Was hier verlangt wird, ist nicht bloß ein wenig Zurückgezogenheit und eine gewisse Verbesserung in dieser oder jener Hinsicht; ein wenig Verlängerung des Gebetes und ein wenig Abtötung; dabei Genuß von Tröstungen und geistigen Gefühlen. Die sich damit begnügen wollen, schrecken »wie vor dem Tod selber« zurück, »sobald ihnen etwas von jener Vollkommenheit begegnet, wie sie in der Beraubung aller Süßigkeit in Gott, in Trockenheit, Ekel und Mühsal besteht. Dies ist das reine geistige Kreuz, die Blöße der Armut im Geiste Christi« [Johannes von Kreuz].

Aus: Kreuzeswissenschaft (1941–1942)

127 Leeres Gefäß

Ich denke, auf alle Fälle ist es ein sehr sicherer Weg, von sich aus alles zu tun, um ein leeres Gefäß für die göttliche Gnade zu werden.

Aus: Brief an Sr. Callista Kopf OP vom 20. 10. 1938 aus Köln

128 Heilsame Leere

In der Trockenheit und Leere wird die Seele demütig. Die frühere Hoffart schwindet, wenn man in sich nichts mehr findet, was Anlaß geben könnte, auf andere herabzusehen; vielmehr erscheinen einem die anderen nun viel vollkommener, es erwacht Liebe und Hochschätzung für sie im Herzen. Man hat auch jetzt zuviel mit dem eigenen Elend zu tun, um auf andere zu achten. Durch ihre Hilflosigkeit wird die Seele unterwürfig und gehorsam; sie sehnt sich nach Belehrung, um auf den rechten Weg zu gelangen.

Aus: Kreuzeswissenschaft (1941–1942)

129 Danach streben, leer zu sein

Ob wir die reine Liebe anstreben sollen? Ganz gewiß. Dazu sind wir erschaffen. Sie wird unser ewiges Leben sein, und hier müssen wir suchen, so nahe wie möglich zu kommen. Jesus ist dazu Mensch geworden, uns Weg dahin zu sein. Was wir tun können? Mit allen Kräften danach streben, leer zu sein: die Sinne abgetötet; das Gedächtnis nach Möglichkeit frei von Bildern dieser Welt und durch die Hoffnung auf den Himmel gerichtet; der Verstand entblößt vom natürlichen Forschen und Grübeln, im schlichten Blick des Glaubens auf Gott gerichtet; der Wille (wie

ich schon sagte) in der Liebe dem göttlichen Willen hingegeben.
Dies ist sehr einfach zu sagen, aber die Arbeit eines ganzen Lebens käme doch nicht ans Ziel, wenn nicht Gott das Wesentliche täte. Wir dürfen indessen vertrauen, daß er es nicht an Gnade fehlen lassen wird, wenn wir getreu das Wenige tun, was wir tun können. Wenig – absolut genommen, für uns ist es sehr viel. Dabei müssen wir uns hüten, selbst beurteilen zu wollen, wie weit wir sind. Das weiß Gott allein. Damit komme ich zu Psalm 18 (so simpel, wie ich die Stelle verstehe). Was wir von uns erkennen, auch von unsern Fehlern und Vergehen, ist nur die belichtete Oberfläche. Die Tiefe, woraus sie kommen, ist weitgehend auch uns selbst verborgen. Gott kennt sie und kann sie reinigen.
Es ist gut, wenn Sie mir Fragen stellen. Ich denke nur, wenn mir Aufgaben gestellt werden. Sonst steht der Verstand still. Ich freue mich aber, wenn er angekurbelt wird und noch jemandem nützlich sein kann. In der Fastenzeit hat er etwas sehr Schönes tun dürfen.

Aus: Brief an Sr. Agnella Stadtmüller OP vom 30. 3. 1940 aus Echt

130 Keine hohen Geistesflüge

Meine Betrachtungen sind keine hohen Geistesflüge, sondern meist sehr bescheiden und einfach. Das Beste daran ist die Dankbarkeit dafür, daß mir dieser Platz als irdische Heimat und Stufe zur ewigen Heimat geschenkt ist.

Aus: Brief an Mater Petra Brüning OSU vom 17. 10. 1934 aus Köln

131 Ich bin immer noch ganz unten am Berge

Seit einigen Wochen habe ich auch für den Betrachtungsstoff zu sorgen und nehme jetzt zur Vorbereitung auf das Fest kleine Abschnitte aus dem *Aufstieg zum Berge Karmel*. Das war auch mein Betrachtungsstoff in den Exerzitien vor der Einkleidung. Jedes Jahr ging es dann eine Stufe weiter – in den Bänden des hl. Vaters Johannes, nicht etwa, daß ich damit Schritt gehalten hätte; ich bin immer noch ganz unten am Berge.

Aus: Brief an Mutter Johanna von Weersth OCD vom 17. 11. 1940 aus Echt

132 Zwei Meister der Selbsterkenntnis

Niemand ist so in die Tiefen der Seele eingedrungen wie die Menschen, die mit einem heißen Herzen die Welt umfaßt hatten und dann durch die starke Hand Gottes aus der Verstrickung gelöst und in das eigene Innere und Innerste hineingezogen wurden. Neben unserer heiligen Mutter Teresia steht hier in erster Linie, ihr im tiefsten wesensverwandt und auch von ihr so empfunden, der heilige Augustinus. Für diese Meister der Selbsterkenntnis und Selbstdarstellung wurden die geheimen Tiefen der Seele erleuchtet: nicht nur die Phänomene, die bewegte Oberfläche des Seelenlebens, waren für sie unleugbare Erfahrungstatsache, sondern auch die Kräfte, die sich in dem unmittelbar bewußten seelischen Leben betätigen, und schließlich sogar das Wesen der Seele.
Weil die Seele ein persönlich-geistiges Gebilde ist, darum ist ihr Innerlichstes und Eigentlichstes, ihr Wesen, aus dem ihre Kräfte und das Wechselspiel ihres Lebens entspringen, nicht nur ein unbekanntes X, das wir zur Erklärung der erfahrbaren seelischen Tatsachen annehmen, sondern etwas, was uns aufleuchten und spürbar werden kann, wenn es auch immer geheimnisvoll bleibt.

Aus: Welt und Person (1936)

133 Emporgerissenwerden zur innigsten Verbindung

So glauben wir – in einer kurzen Überschau – den ursprünglichen Aufbau des Gesanges [des Hohenliedes] verstehen zu dürfen: als ein Aufsteigen von einer Stufe der Liebensvereinigung zur andern oder als ein immer tieferes Hineingezogenwerden: erst eine flüchtige Begegnung, dann – nach der Sehnsucht und Qual des Suchens – ein Emporgerissenwerden zur innigsten Verbindung, eine Zeit der Vorbereitung auf das dauernde Eingehen in diese Verbindung und schließlich der unstörbare Friede der Vermählung. Von einer Trennung in drei Wege oder Stände der Reinigung, Erleuchtung und Vereinigung kann dabei kaum die Rede sein. Das sind vielmehr drei Wirkungen, die im ganzen Gnadenleben und auf dem ganzen mystischen Weg miteinander verbunden sind, wenn auch auf den verschiedenen Stufen jeweils die eine oder andere mehr hervortritt.

Aus: Kreuzeswissenschaft (1941–1942)

134 Gedanken- und zeitfreie Versenkung

Je reiner, einfacher und vollkommener, geistiger und innerlicher die allgemeine Erkenntnis ist – und das ist sie, wenn sie sich in eine ganz lautere Seele ergießt, die frei ist von anderweitigen Eindrücken und Einzelerkenntnissen –, desto freier und zarter ist sie und desto eher kann sie sich der Wahrnehmung entziehen. Die Seele befindet sich wie in einem tiefen Vergessen und lebt gleichsam zeitlos. Das Gebet dünkt ihr ganz kurz, wenn es auch stundenlang gedauert hat.

Aus: Kreuzeswissenschaft (1941–1942)

135 Die dunkle Nacht der Beschauung

In diesem Leben aber ist die Umgestaltung niemals frei von Schmerz, selbst auf der höchsten Stufe der Liebe, und die Natur gerät noch immer in Aufregung. »Der Schmerz entsteht aus dem heftigen Verlangen nach der beseligenden Umgestaltung . . ., die Aufregung der Natur hat ihren Grund darin, daß der schwache und vergängliche Sinn durch die Stärke und Größe einer so erhabenen Liebe in Mitleidenschaft gezogen wird; denn alles, was erhaben ist, drückt die schwache Natur nieder und bereitet ihr Schmerz.« (Johannes vom Kreuz)
Das ist die dunkle Nacht der Beschauung, der Kreuzestod des alten Menschen. Die Nacht ist umso dunkler, der Tod umso qualvoller, je mächtiger diese göttliche Liebeswerbung die Seele ergreift und je rückhaltloser die Seele sich ihr überläßt.

Aus: Kreuzeswissenschaft (1941–1942)

136 Passive Nacht der Todesverlassenheit

Die mächtige Wirklichkeit der natürlichen Welt und der übernatürlichen Gnadengeschenke muß durch eine noch mächtigere Wirklichkeit aus den Angeln gehoben werden. Das geschieht in der passiven Nacht. Ohne sie würde die aktive niemals ans Ziel kommen. Die starke Hand des lebendigen Gottes muß selbst eingreifen, um die Seele aus den Schlingen alles Geschaffenen zu befreien und an sich zu ziehen. Dieses Eingreifen ist die dunkle, mystische Beschauung, verbunden mit der Entziehung alles dessen, was bisher Licht, Halt und Trost gegeben hat.
Der Glaube stellt der Seele Christus vor Augen: den Armen, Erniedrigten, Gekreuzigten, am Kreuz selbst vom göttlichen Vater Verlassenen. In seiner Armut und Verlassenheit findet sie die ihre wieder. Trockenheit, Ekel und Mühsal sind das »rein geistige Kreuz«, das ihr gereicht wird. Nimmt sie es an, so erfährt

sie, daß es ein sanftes Joch und eine leichte Last ist. Es wird ihr zum Stab, der sie leicht bergauf führt. Wenn sie erkennt, daß Christus in der äußersten Erniedrigung und Vernichtung am Kreuz das Größte gewirkt hat, die Versöhnung und Vereinigung der Menschheit mit Gott, dann erwacht in ihr das Verständnis dafür, daß auch für die das Vernichtetwerden, der »Kreuzestod bei lebendigem Leibe, im Sinnlichen wie im Geistigen«, zur Vereinigung mit Gott führt. Wie Jesus in seiner Todesverlassenheit sich in die Hände des unsichtbaren und unbegreiflichen Gottes übergab, so wird sie sich hineinbegeben in das mitternächtliche Dunkel des Glaubens, der der einzige Weg zu dem unbegreiflichen Gott ist.

Aus: Kreuzeswissenschaft (1941–1942)

137 Schweigen – alles hinter sich lassen

Die Glaubenswahrheiten bringen uns zwar Gott zunächst durch Bilder und Gleichnisse und durch Begriffe nahe, die von den geschaffenen Dingen hergenommen sind. Aber darüber hinaus lehren sie uns, daß Gott über alles Geschaffene hinausgeht und über alles Fassen und Begreifen ist. Darum müssen wir alle Geschöpfe hinter uns lassen und alle unsere Kräfte, mit denen wir die Geschöpfe fassen und begreifen, um uns im Glauben zu Gott, dem Unfaßlichen und Unbegreiflichen, zu erheben. Dazu sind weder die Sinne fähig noch der Verstand, wenn wir darunter die Fähigkeit zum begrifflichen Denken verstehen. In der gläubigen Hingabe an den unbegreiflichen Gott sind wir reiner Geist, gelöst auch von allen Bildern und Begriffen – eben darum im Dunkeln, weil die Welt unserer Tagesansicht sich aus Bildern und Begriffen aufbaut, gelöst auch aus dem Mechanismus einer Mannigfaltigkeit verschiedener Kräfte, geeint und einfach in einem Leben, das Erkennen, Eingedenksein und Lieben in einem ist.

Aus: Kreuzeswissenschaft (1941–1942)

138 Die letzte Reinigung

Wenn nun der Seele Tröstungen zuteilwerden – wie es in der meist sehr langen Zeit der Geistesnacht doch öfters geschieht –, so wird sie sich jetzt bereit finden, nicht dabei zu verweilen. Sie wird es Gott überlassen, das in ihr zu wirken, was Er mit diesen übernatürlichen Mitteilungen beabsichtigt, wird aber selbst in der Dunkelheit des Glaubens bleiben, weil sie es nicht nur *gelernt,* sondern *erfahren* hat, daß all dies nicht Gott ist und ihr Gott nicht gibt, daß sie aber im Glauben alles hat, was ihr nötig ist: Christus selbst, der die ewige Weisheit ist, und in Ihm den unbegreiflichen Gott. Sie wird zu diesem Verzicht und zum Ausharren im Glauben umso eher bereit sein, je gründlicher sie durch die dunkle Nacht schon geläutert ist.

Daß die Seele auch nach langer Übung im geistlichen Leben noch voller Unvollkommenheiten ist und tiefgehender Reinigung bedarf, um für die Vereinigung tauglich zu werden, ist ja wiederholt betont worden. Es wurde auch gezeigt, daß diese Unvollkommenheiten mit übernatürlichen Mitteilungen aller Art sehr wohl zusammenbestehen können, ja daß in der noch nicht völlig geläuterten Seele die göttlichen Gnadengeschenke selbst Anlaß zur Unvollkommenheit werden können, besonders zu Stolz, Eitelkeit und geistiger Genußsucht. All die Schwächen heilt Gott durch die *Entblößung,* die sich in der dunklen Nacht vollzieht, »indem Er den Verstand der Finsternis ausliefert, den Willen der Trockenheit, das Gedächtnis der Leere und die Neigungen der Seele äußerster Betrübnis, Bitterkeit und Bedrängnis.« [Johannes von Kreuz] Hier erfahren Geist und Sinne zusammen die letzte Reinigung, nachdem in der ersten Nacht die Sinne durch Umgestaltung und Zügelung der Gelüste und durch den Verkehr mit Gott soweit erstarkt sind, um die Beschwerden dieser tiefgehenden zweiten Reinigung ertragen zu können. Auch diese Reinigung ist das Werk der dunklen Beschauung.

Aus: Kreuzeswissenschaft (1941–1942)

139 Reinigende Qual und Ergriffensein

Die Beschauung ist Sache des Herzens, d. h. des Innersten der Seele, und darum aller Kräfte. Die Gegenwart und die scheinbare Abwesenheit Gottes werden im Herzen gespürt – beseligend oder in schmerzlichster Sehnsucht. Hier am Innersten, wo sie ganz bei sich selbst ist, spürt die Seele aber auch sich selbst und ihre Verfassung; und solange sie nicht völlig gereinigt ist, fühlt sie sie peinigend als Gegensatz zur erlebten Heiligkeit des gegenwärtigen Gottes. So bezeichnet die *Nacht* der Beschauung nicht nur Dunkelheit der Erkenntnis, sondern Finsternis der Unreinheit und reinigende Qual.

Im Glauben und in der Beschauung wird die Seele von Gott ergriffen. Das Annehmen der offenbarten Wahrheit geschieht nicht einfach durch natürlichen Willensentschluß. Die Glaubensbotschaft kommt zu vielen, die sie nicht annehmen. Es können dabei natürliche Beweggründe mitsprechen, aber es gibt auch Fälle, in denen ein geheimnisvolles Nicht-Können zugrunde liegt: die Gnadenstunde ist noch nicht gekommen. Das gnadenhafte Innewohnen hat noch nicht eingesetzt. In der Beschauung aber begegnet die Seele Gott selbst, der sie ergreift.

Aus: Kreuzeswissenschaft (1941–1942)

140 Im tiefsten Seelengrund

Je höher die Seele zu Gott aufsteigt, umso tiefer steigt sie in sich selbst hinab: die Vereinigung vollzieht sich im Innersten der Seele, im tiefsten Seelengrund.

Aus: Kreuzeswissenschaft (1941–1942)

X Gott: Berührtwerden und Erfahren

Ich verweilte damals einige Zeit im Rheinland, und die Philosophiedozentin unserer Schule hatte mich gebeten, ihr alle Auskünfte über Husserl mitzubringen. Ich hatte mich an Herrn Professor Dempf gewandt, und er riet mir, Edith Stein zu besuchen – es sei das Einfachste. Edith Stein erklärte mir Husserls Philosophie in einer glänzenden Zusammenfassung. Anschließend unterhielten wir uns über Deutschland und dessen verhängnisvolles Schicksal. Sie schien das Furchtbarste zu ahnen und das Ausbrechen des Übels vorauszusehen. In diesem ernsten Gespräch zeigte sie die Klarheit und Gewalt ihres Geistes, den tiefen Glauben und das einzige Vertrauen auf Gott. Mit der ganz jungen, auf diesem Gebiet noch unerfahrenen Ausländerin, die ich damals war, sprach sie so einfach, offen und freundschaftlich, wie mit einer jungen Schwester. Diese Begegnung hat mich sehr beeindruckt.

Französin Madeleine Renard 1936

141 Anonymes Gottsuchen

Um meinen lieben Meister [Edmund Husserl] habe ich keine Sorge. Es hat mir immer sehr fern gelegen zu denken, daß Gottes Barmherzigkeit sich an die Grenzen der sichtbaren Kirche binde. Gott ist die Wahrheit. Wer die Wahrheit sucht, der sucht Gott, ob es ihm klar ist oder nicht.

Aus: Brief an Sr. Adelgundis Jaegerschmid OSB vom 23. 3. 1938 aus Köln

142 Dunkler Weg in der Nacht

Die Welt, die wir mit den Sinnen wahrnehmen, ist ja natürlicherweise der feste Grund, der uns trägt, das Haus, in dem wir uns heimisch fühlen, das uns nährt und mit allem Nötigen versorgt, Quelle unserer Freuden und Genüsse. Wird sie uns genommen oder werden wir genötigt, uns aus ihr zurückzuziehen, so ist es wahrlich, als wäre uns der Boden unter den Füßen weggezogen und als würde es Nacht rings um uns her; als müßten wir selbst versinken und vergehen. Aber dem ist nicht so. In der Tat werden wir auf einen sicheren Weg gestellt, allerdings auf einen dunklen Weg, einen in Nacht gehüllten: den Weg des Glaubens. Es ist ein Weg, denn er führt zum Ziel der Vereinigung. Aber es ist ein nächtlicher Weg, denn im Vergleich mit der klaren Einsicht des natürlichen Verstandes ist der Glaube eine dunkle Erkenntnis: er macht uns mit etwas bekannt, aber wir bekommen es nicht zu sehen.

Aus: Kreuzeswissenschaft (1941–1942)

143 Das dunkle Licht des Glaubens

Der Glaube ist ein »dunkles Licht«. Er gibt uns etwas zu verstehen, aber nur, um uns auf etwas hinzuweisen, was für uns unfaßlich bleibt. Weil der letzte Grund alles Seienden ein unergründlicher ist, darum rückt alles, was von ihm her gesehen wird, in das »dunkle Licht« des Glaubens und des Geheimnisses. [. . .]

Gott annehmen, heißt sich Gott im Glauben zuwenden oder »zu Gott hin glauben«, Gott zustreben. So ist der Glaube ein Ergreifen Gottes. Das Ergreifen aber setzt ein Ergriffenwerden voraus: wir können nicht glauben ohne Gnade. Und Gnade ist Anteil am göttlichen Leben. Wenn wir uns der Gnade öffnen, den Glauben annehmen, haben wir den Anfang des ewigen Lebens in uns. [. . .]

1926, als Lehrerin in St. Magdalena/Speyer, auf der Suche nach Berührtwerden und Erfahren

Der Glaube steht der göttlichen Weisheit näher als alle philosophische und selbst theologische Wissenschaft. Weil uns aber das Gehen im Dunkeln schwer wird, darum ist jeder Strahl des Lichtes, das als ein Vorbote der künftigen Klarheit in unsere Nacht fällt, eine unschätzbare Hilfe, um an unserm Weg nicht irre zu werden.

Aus: Endliches und ewiges Sein (1935–1936)

144 Hingabe an Gott und an das Selbst

Gott – und Er allein – umfaßt jeden geschaffenen Geist ganz: wer sich ihm hingibt, der gelangt in der liebenden Vereinigung mit ihm zur höchsten Seinsvollendung, zu jener Liebe, die zugleich Erkenntnis, Herzenshingabe und freie Tat ist. Sie ist ganz Gott zugewendet, aber in der Vereinigung mit der göttlichen Liebe umfaßt der geschaffene Geist auch erkennend, selig und frei bejahend sich selbst. Die Hingabe an Gott ist zugleich Hingabe an das eigene gottgeliebte Selbst und die ganze Schöpfung, namentlich an alle gottgeeinten Geistwesen.

Aus: Endliches und ewiges Sein (1935–1936)

145 Emporklimmen und Emporgetragenwerden

So gibt es offenbar zwei Wege zur Vereinigung mit Gott und damit zur Vollkommenheit der Liebe: ein mühsames Emporklimmen durch eigene Anstrengung, freilich mit Gottes Gnadenhilfe, und ein Emporgetragenwerden, das viel eigene Arbeit erspart, dessen Vorbereitung und Auswirkung aber doch an den Willen hohe Ansprüche stellt.

Aus: Welt und Person (1936)

146 Berührung von Person zu Person

Um eine Erfahrungserkenntnis handelt es sich schon auf der untersten Stufe. Gott berührt mit seinem Wesen das Innerste der Seele. Gottes Wesen ist aber nichts anderes als sein Sein und als er selbst; er selbst ist Person, sein Sein persönliches Sein, das Innerste der Seele ist der Herz- und Quellpunkt ihres persönlichen Lebens, zugleich der eigentliche Ort ihrer Begegnung mit anderem persönlichen Leben. Eine Berührung von Person zu Person ist nur im Innersten möglich; durch eine solche Berührung gibt eine Person der andern ihre Gegenwart kund. Wenn man also in dieser Weise sich innerlich berührt fühlt, so ist man mit einer Person in lebendiger Fühlung.

Aus: Kreuzeswissenschaft (1941–1942)

147 Berührung ohne Form und Gestalt

Diese göttliche Berührung ist ohne Form und Gestalt, weil das göttliche Wort sich keiner Art einfügt. Sie ist wesenhaft, d. h. sie vollzieht sich in der Seele durch Gottes einfaches Wesen und ist darum unaussprechlich. Sie ist unendlich und darum auch unendlich zart.

Aus: Kreuzeswissenschaft (1941–1942)

148 Ins Gottesleben hineingezogen

Nur was geistig lebt, kann geistiges Leben in sich aufnehmen. Die Seele, in der Gott durch die Gnade wohnt, ist kein unpersönlicher Schauplatz des göttlichen Lebens, sondern wird selbst in dieses Leben hineingezogen. Das göttliche Leben ist dreipersönliches Leben; es ist die überströmende Liebe, womit der Vater

den Sohn erzeugt und Ihm Sein Wesen hingibt, womit der Sohn dies Wesen umfaßt und wiederum dem Vater hingibt, die Liebe, in der Vater und Sohn eins sind, die beide gemeinsam als ihren Geist aushauchen. Durch die Gnade ist dieser Geist ausgegossen in die Herzen. So lebt die Seele ihr Gnadenleben durch den Heiligen Geist, sie liebt in Ihm den Vater mit der Liebe des Sohnes und den Sohn mit der Liebe des Vaters. Dieses Mitleben des trinitarischen Lebens kann sich vollziehen, ohne daß die Seele das Innewohnen der göttlichen Personen in sich wahrnimmt.

Aus: Kreuzeswissenschaft (1941–1942)

149 Das liebende Zusammensein

Der Geist – und das besagt, sachgemäß weit gefaßt, nicht nur Verstand, sondern auch *Herz* – ist durch die dauernde Beschäftigung mit Gott vertraut geworden, er kennt Ihn und liebt Ihn. Diese Kenntnis und Liebe sind ein Bestandteil seines Seins geworden, etwa wie das Verhältnis zu einem Menschen, mit dem man seit langer Zeit zusammenlebt und innig vertraut ist. Solche Menschen brauchen nicht mehr Auskunft übereinander einzuholen und übereinander nachzudenken, um sich wechselseitig zu ergründen und von ihrer Liebenswürdigkeit zu überzeugen. Es bedarf zwischen ihnen auch kaum noch der Worte. Wohl bringt jedes neue Zusammensein ein neues Wachwerden und eine Steigerung der Liebe, vielleicht auch noch ein Kennenlernen von neuen Einzelzügen, aber das geschieht wie von selbst, man braucht sich nicht darum zu bemühen. So etwa ist auch der Verkehr einer Seele mit Gott nach langer Übung im geistlichen Leben. Sie braucht nicht mehr zu betrachten, um Gott kennen und lieben zu lernen. Der Weg liegt weit hinter ihr, sie ruht am Ziel. Sobald sie sich ins Gebet begibt, ist sie bei Gott und verweilt in liebender Hingabe in Seiner Gegenwart.

Aus: Kreuzeswissenschaft (1941–1942)

150 Berührtwerden und Erfahren

Wenn sie [die Seele] erkennt, daß Christus in der äußersten Erniedrigung und Vernichtung am Kreuz das Größte gewirkt hat, die Versöhnung und Vereinigung der Menschheit mit Gott, dann erwacht in ihr das Verständnis dafür, daß auch für sie das Vernichtetwerden, der »Kreuzestod bei lebendigem Leibe, im Sinnlichen wie im Geistigen«, zur Vereinigung mit Gott führt. Wie Jesus in seiner Todesverlassenheit sich in die Hände des unsichtbaren und unbegreiflichen Gottes übergab, so wird sie sich hineinbegeben in das mitternächtliche Dunkel des Glaubens, der der einzige Weg zu dem unbegreiflichen Gott ist. So wird ihr die mystische Beschauung zuteil, der »Strahl der Finsternis«, die geheimnisvolle Gottesweisheit, die dunkle und allgemeine Erkenntnis: sie allein entspricht dem unfaßlichen Gott, der den Verstand blendet und ihm als Finsternis erscheint. Sie strömt in die Seele ein und kann es umso lauterer, je freier die Seele von allen anderen Eindrücken ist. Sie ist etwas viel Reineres, Zarteres, Geistigeres und Innerlicheres als alles, was der Erkenntnis aus dem natürlichen Geistesleben bekannt ist, auch hinausgehoben über die Zeitlichkeit, ein wahrer Anfang des ewigen Lebens in uns. Es ist kein bloßes Annehmen der gehörten Glaubensbotschaft, kein bloßes Sichzuwenden zu Gott, den man nur vom Hörensagen kennt, sondern ein inneres *Berührtwerden* und ein *Erfahren* Gottes, das die Kraft hat, von allen geschaffenen Dingen loszulösen und emporzuheben und zugleich in eine Liebe zu versenken, die ihren Gegenstand nicht kennt.

Aus: Kreuzeswissenschaft (1941–1942)

151 Vom Feuer verzehrt

Im Leiden und Sterben Christi sind unsere Sünden vom Feuer verzehrt worden. Wenn wir das im Glauben annehmen und wenn wir in gläubiger Hingabe den ganzen Christus annehmen, d. h. aber, daß wir den Weg der Nachfolge Christi wählen und gehen, dann führt er uns »durch Sein Leiden und Kreuz zur Herrlichkeit der Auferstehung«. Genau das ist es, was in der Beschauung erfahren wird: das Hindurchgehen durch den sühnenden Brand zur seligen Liebesvereinigung. Daraus erklärt sich ihr zwiespältiger Charakter. Sie ist Tod und Auferstehung. Nach der Dunklen Nacht strahlt die Lebendige Liebesflamme auf.

Aus: Kreuzeswissenschaft (1941–1942)

152 Der neue Mensch

Das fortschreitende Zusammenbrechen der Natur gibt dem übernatürlichen Licht und dem göttlichen Leben mehr und mehr Raum. Es bemächtigt sich der natürlichen Kräfte und verwandelt sie in vergöttlichte und vergeistigte. So vollzieht sich eine neue Menschwerdung Christi im Christen, die mit einer Auferstehung vom Kreuzestode gleichbedeutend ist. Der *neue Mensch* trägt die Wundmale Christi an seinem Leibe: die Erinnerung an das Sündenelend, aus dem er zu seligem Leben erweckt ist, und an den Preis, der dafür gezahlt werden mußte. Und es bleibt ihm der Schmerz der Sehnsucht nach der Fülle des Lebens, bis er durch das Tor des wirklichen leiblichen Todes eingehen darf in das schattenlose Licht.

So ist die bräutliche Vereinigung der Seele mit Gott das Ziel, für das sie geschaffen ist, erkauft durch das Kreuz, vollzogen am Kreuz und für alle Ewigkeit mit dem Kreuz besiegelt.

Aus: Kreuzeswissenschaft (1941–1942)

153 Gottverlassenheit

Es ist früher der Gedanke ausgesprochen worden, daß die Leiden der Dunklen Nacht Anteil seien am Leiden Christi, vor allem am tiefsten Leiden: der Gottverlassenheit. Das hat durch den Geistlichen Gesang [des Johannes von Kreuz] eine nachdrückliche Bestätigung erhalten, da hier das sehnsüchtige Verlangen nach dem verborgenen Gott das Leiden ist, das den ganzen mystischen Weg beherrscht. Es hört selbst in der Seligkeit der bräutlichen Vereinigung nicht auf; ja in gewisser Weise nimmt es mit der wachsenden Gotteserkenntnis und -liebe noch zu, weil mit ihr die Vorahnung dessen, was die klare Anschauung Gottes in der Glorie uns bringen soll, immer fühlbarer wird.

Aus: Kreuzeswissenschaft (1941–1942)

154 Die Gewißheit der Gotteserfahrung

Wir fragen: Was gibt dem Propheten die Gewißheit, daß er vor Gott steht? Das Schauen mit den Augen oder mit der Einbildungskraft gehört nicht notwendig dazu. All das kann fortfallen, und es kann doch die innere Gewißheit vorhanden sein, daß es Gott ist, der spricht. Diese Gewißheit kann auf dem »Gefühl« beruhen, daß Gott gegenwärtig ist; man fühlt sich im Innersten von ihm, dem Gegenwärtigen, berührt. Das ist es, was wir *Gotteserfahrung* im eigentlichen Sinn nennen. Sie ist der Kern alles mystischen Erlebens, die Begegnung mit Gott von Person zu Person.

Aus: Wege der Gotteserkenntnis (1941–1942)

155 Sprechen von Gott und Sprache Gottes

Gott ist der *Ur-Theologe*. Alles Sprechen *von* Gott hat ein Sprechen Gottes zur Voraussetzung. Sein eigentliches Sprechen ist das, vor dem die menschliche Sprache verstummen muß, was in keine Menschenworte eingeht, auch in keine Bildersprache. Es ist ein Ergreifen dessen, an den es ergeht, und verlangt als Bedingung des Vernehmens die persönliche Übergabe.

Aus: Wege der Gotteserkenntnis (1941)

Quellenverzeichnis

Die Texte wurden mit freundlicher Genehmigung der im Vorwort genannten Rechtsinhaber übernommen aus:

1: Aus dem Leben einer jüdischen Familie, Edith Steins Werke Bd. VII, vollständige Ausgabe, Maas & Waler Druten/Herder Freiburg [2]1985 (weiter abgekürzt: Jüdische Familie), 43–47.
2: Jüdische Familie, 159f.
3: Jüdische Familie, 229f.
4: Jüdische Familie, 261f., 275, 299f., 313.
5: T. R. Posselt, Edith Stein. Eine Frau unseres Jahrhunderts, Herder, Freiburg [9]1963 (weiter abgekürzt: Posselt, Edith Stein), 19.
6: Jüdische Familie, 362.
7: Jüdische Familie, 1f.
8: Selbstbildnis in Briefen, 1. Teil 1916–1934 und 2. Teil 1934 bis 1942, Edith Steins Werke Bd. VIII und IX, Maas & Waler Druten/Herder Freiburg 1976/77 (weiter abgekürzt: Briefe I und II) I, 136, 145.
9: Posselt, Edith Stein, 133–135.
10: Briefe I, 155.
11: Briefe I, 154.
12: Erstveröffentlichung des ganzen Briefes; ein Teil in: Briefe II, 10.
13: Briefe II, 61, 65.
14: Briefe I, 54.
15: Jüdische Familie, 165, 196, 205, 218.
16: Die Frau. Ihre Aufgabe nach Natur und Gnade. Edith Steins Werke Bd. V, Nauwelaerts Louvain/Herder Freiburg 1959 (weiter abgekürzt: Die Frau), 12.
17: Erstveröffentlichung.
18: Erstveröffentlichung.
19: Erstveröffentlichung.
20: Erstveröffentlichung.
21: Christliche Innerlichkeit. Zweimonatsschrift für Gebet und gelebtes Christsein, hrsg. vom Teresianischen Karmel im deutschen Sprachraum. Sondernummer: Edith Stein, 22 (1987), 149.
22: Die Frau, 173f.
23: Briefe I, 119f.
24: Erstveröffentlichung.
25: Erstveröffentlichung.
26: Erstveröffentlichung.
27: Erstveröffentlichung.
28: Briefe I, 135.
29: Jüdische Familie, 197f.
30: Jüdische Familie, 265f.
31: Erstveröffentlichung.
32: Erstveröffentlichung.
33: Erstveröffentlichung nach: Hugo Ott, Edith Stein (1891–1942) und Freiburg, in: Freiburger Diözesanarchiv 107 (1987) 274.
34: Erstveröffentlichung, wie Nr. 33, 276f.
35: Erstveröffentlichung, wie Nr. 38, 279.
36: Erstveröffentlichung.
37: Erstveröffentlichung.
38: Briefe II, 42.
39: Briefe I, 59; II, 102f.
40: Erstveröffentlichung.

41: Erstveröffentlichung.
42: Briefe I, 123.
43: Erstveröffentlichung.
44: Erstveröffentlichung.
45: Briefe I, 157.
46: Briefe II, 30.
47: Die Frau, 11.
48: Die Frau, 13.
49: Briefe I, 53.
50: Briefe I, 54.
51: Briefe I, 159.
52: Briefe II, 19.
53: Briefe I, 77.
54: Briefe I, 160.
55: Briefe I, 160f.
56: Briefe II, 141.
57: Briefe I, 163.
58: Briefe I, 164.
59: Erstveröffentlichung.
60: Briefe II, 28.
61: Erstveröffentlichung.
62: Briefe II, 157.
63: Briefe I, 54f.
64: Briefe II, 65.
65: Briefe II, 80.
66: Briefe II, 118.
67: Briefe II, 124.
68: Briefe II, 129.
69: Briefe II, 133.
70: Briefe II, 135.
71: Erstveröffentlichung.
72: Erstveröffentlichung.
73: Erstveröffentlichung des ganzen Briefes; ein Teil in: Briefe II, 142.
74: Erstveröffentlichung.
75: Briefe II, 168f.
76: Posselt, Edith Stein, 129.
77: Posselt, Edith Stein, 131.
78: Briefe II, 167.
79: Briefe II, 170.
80: Briefe II, 172.
81: Erstveröffentlichung.
82: Briefe II, 176.
83: Briefe II, 177f.
84: Eine Kopie des Testaments befindet sich im Edith-Stein-Archiv, Karmel Köln; Erstveröffentlichung des vollständigen Textes nach: Andrés Bejas, Edith Stein – Von der Phänomenologie zur Mystik, Desputationes Theologicae 17, Lang Frankfurt 1987, 145–146.
85: Erstveröffentlichung; Teile veröffentlicht in: Briefe I, 36f.
86: Zum Problem der Einfühlung (Nachdruck der Dissertation von 1917) Kaffke München 1980 (weiter abgekürzt: Einfühlung), 129.
87: Die Frau, 183f.
88: Welt und Person. Beitrag zum christlichen Wahrheitsstreben, Edith Steins Werke Bd. VI, Nauwelaerts Louvain/Herder Freiburg 1962 (weiter abgekürzt: Welt und Person), 2.
89: Wege zur inneren Stille, hrsg. von Waltraud Herbstrith, Kaffke Aschaffenburg ²1987 (weiter abgekürzt: Wege), 115f.
90: Kreuzeswissenschaft, Edith Steins Werke Bd. I, Nauwelaerts Louvain/Herder Freiburg ³1985.
91: Endliches und Ewiges Sein, Edith Steins Werke Bd. II, Nauwelaerts Louvain/Herder Freiburg ³1986 (weiter abgekürzt: Endliches . . .), 215.
92: Endliches . . ., 151.
93: Die Frau, 165.
94: Endliches . . ., 380.
95: Briefe I, 101.

96: Die Frau, 106, 116.
97: Die Frau, 40–43.
98: Die Frau, 3.
99: Die Frau, 102, 105.
100: Die Frau, 7f.
101: Die Frau, 208–217.
102: Endliches ..., 337f., 346.
103: Endliches ..., 397.
104: Endliches ..., 402f.
105: Endliches ..., 458f.
106: Endliches ..., 404.
107: Endliches ..., 405f.
108: Endliches ..., 381–386.
109: Endliches ..., 413, 418.
110: Endliches ..., 459f.
111: Briefe I, 54.
112: Welt und Person, 67f.
113: Welt und Person, 110.
114: Endliches ..., 53.
115: Welt und Person, 69.
116: Endliches ..., 56f.
117: Endliches ..., 317–319.
118: Endliches ..., 109f.
119: Endliches ..., 321f.
120: Endliches ..., 229.
121: Endliches ..., 409.
122: Wege, 22.
123: Endliches ..., 102.
124: Endliches ..., 58.
125: Endliches ..., 408.
126: Kreuzeswissenschaft, 53.
127: Briefe II, 116.
128: Kreuzeswissenschaft, 47.
129: Briefe II, 145f.
130: Briefe II, 18
131: Briefe II, 153
132: Welt und Person, 66f.
133: Kreuzeswissenschaft, 212.
134: Kreuzeswissenschaft, 60.
135: Kreuzeswissenschaft, 240f.
136: Kreuzeswissenschaft, 106f.
137: Kreuzeswissenschaft, 103f.
138: Kreuzeswissenschaft, 108.
139: Kreuzeswissenschaft, 164.
140: Kreuzeswissenschaft, 137.
141: Briefe II, 102.
142: Kreuzeswissenschaft, 39.
143: Endliches ..., 25–29.
144: Endliches ..., 420.
145: Welt und Person, 50.
146: Kreuzeswissenschaft, 165.
147: Kreuzeswissenschaft, 178.
148: Kreuzeswissenschaft, 150.
149: Kreuzeswissenschaft, 103.
150: Kreuzeswissenschaft, 107.
151: Kreuzeswissenschaft, 165.
152: Kreuzeswissenschaft, 241.
153: Kreuzeswissenschaft, 240.
154: Wege der Gotteserkenntnis. Dionysius der Aeropagit und seine symbolische Theologie. Mit einer Einführung von W. Herbstrith und V. E. Schmitt OCD, Kaffke München 1979 (weiter abgekürzt: Wege der Gotteserkenntnis), 59.
155: Wege der Gotteserkenntnis, 73.

Für die Überlassung der Fotos danken wir:

S. 45: Frau Suse Batzdorff, Santa Rosa, Kalifornien, USA.
S. 61: Sr. Josephine Koeppel OCD, Elysburg, USA.
S. 100: Freiin Uta von Bodman, Oberkirch.
S. 153 und S. 166: Karmel, Köln.
S. 187: Herrn Dr. Eberhard Avé-Lallement, Bayerische Staatsbibliothek, München.

Franz Mußner

Traktat über die Juden

2. überarbeitete Auflage 1988. 399 Seiten. Gebunden

Mußners »Traktat über die Juden« ist geschrieben, um Christen zu helfen, besser und richtiger über die »Wurzel« ihrer Religion denken und reden zu können, im persönlichen Urteil und in der kirchlichen Arbeit, im theologischen Hörsaal, in Predigt und Katechese.

»Ein bisher einmaliges Werk, das die Beziehungen zwischen den beiden Religionen umfassend auszuloten bestrebt ist... Man darf dieses Werk uneingeschränkt begrüßen, zumal auch viel nichtchristliche Literatur herangezogen wurde. Das Kapitel »Das Unterscheidende und Trennende« hat im deutschsprachigen Raum kein gleichwertiges Gegenstück.«

Die christliche Familie

Kösel-Verlag München